Como se libertar do EX

Frederico Mattos

Como se libertar do EX

Matrix

© 2014 – Frederico Mattos
Direitos em língua portuguesa para o Brasil:
Matrix Editora - Tel. (11) 3868-2863
atendimento@matrixeditora.com.br
www.matrixeditora.com.br

Diretor editorial
Paulo Tadeu

Capa
Daniela Vasques

Diagramação
Alexandre Santiago

Revisão
Silvia Parollo
Adriana Wrege

Dados Internacionais de Catalogação na Publicação (CIP)
SINDICATO NACIONAL DOS EDITORES DE LIVROS, RJ.

Mattos, Frederico
Como se libertar do ex / Frederico Mattos. - 1a. ed. - São Paulo : Matrix, 2014.
168 p. ; 21 cm.

Apêndice
ISBN 978-85-8230-117-3

1. Relação homem-mulher - Aspectos psicológicos. 2. Técnicas de autoajuda. I. Título.

14-08698

CDD: 158.1
CDU: 159.947

A todas as pessoas que compartilharam sua história de dor e de libertação.

E à Juliana, que me fez entender na vida cotidiana o real sentido do amor.

SUMÁRIO

INTRODUÇÃO 9

a perda 13
CAPÍTULO 1 - Descubra o que fascina você 15
CAPÍTULO 2 - A dor da perda 19
CAPÍTULO 3 - As 5 fases do luto 23
CAPÍTULO 4 - Por que não consigo esquecer? 27

a prisão 31
CAPÍTULO 5 - Ganchos emocionais 33
CAPÍTULO 6 - Imagens mentais 35
CAPÍTULO 7 - Esperança cega 39
CAPÍTULO 8 - A rejeição 41
CAPÍTULO 9 - A mágoa 45
CAPÍTULO 10 - Vingança 49

os jogos 51
CAPÍTULO 11 - Jogos emocionais 53
CAPÍTULO 12 - Artimanhas do ex 59
CAPÍTULO 13 - O amante latino (sedução) 61
CAPÍTULO 14 - O coitadinho (vitimismo) 63
CAPÍTULO 15 - O salvador (protecionismo) 67
CAPÍTULO 16 - Cão raivoso (provocação) 71

CAPÍTULO 17 - Codependência 75
CAPÍTULO 18 - Por que você se deixa levar pela sedução? 79
CAPÍTULO 19 - Por que você se deixa levar pelo vitimismo? . . . 81
CAPÍTULO 20 - Por que você se deixa levar pelo protecionismo? . . 83
CAPÍTULO 21 - Por que você se deixa levar pelas provocações? . . 85

estratégias de sobrevivência 87
CAPÍTULO 22 - Seguidor implacável: pode virar morte? 89
CAPÍTULO 23 - Como sustentar o silêncio? 93
CAPÍTULO 24 - Como sobreviver a um momento de surto? . . . 99
CAPÍTULO 25 - Por que ele não me explica o motivo? 103
CAPÍTULO 26 - Como identificar um cafajeste 107
CAPÍTULO 27 - Como identificar a personalidade obsessiva . . 111
CAPÍTULO 28 - É possível uma reconquista? 117
CAPÍTULO 29 - Armadilhas que podem levar ao término do
relacionamento amoroso 121
CAPÍTULO 30 - Como terminar com honestidade 129

o caminho de volta 137
CAPÍTULO 31 - Livre-se de tudo 139
CAPÍTULO 32 - Siga o seu caminho e construa uma vida feliz . 141

CONCLUSÃO 145
APÊNDICE 1 - Exercício de visualização 147
APÊNDICE 2 - Carta aberta para quem está em dúvida se deve
ou não se separar 149
APÊNDICE 3 - Carta aberta aos recém-separados 153
APÊNDICE 4 - Amores platônicos: como eliminá-los de sua vida . . 157
APÊNDICE 5 - 21 sinais de que você está deixando de ser quem é
pelo outro 161

INTRODUÇÃO

Quem põe ponto final numa paixão com ódio, ou ainda ama, ou não consegue deixar de sofrer.

— **Ovídio, poeta romano**

Se você está lendo este livro, deve estar passando por uma dor de amor da qual não se recuperou completamente.

Provavelmente recebeu a notícia terrível e inesperada de que tudo estava acabado e agora não sabe lidar com a saudade, a rotina e o amor interrompido. Aquele pé na bunda nunca previsto chegou e agora você está passando por uma fase complicada e cheia de confusão. Fique tranquila: a ideia deste livro é ajudar de forma prática a colocar tudo em ordem sem causar mais problemas ou confusão.

Ele serve como um pequeno manual que tentará descomplicar seus momentos de dor, desespero ou choro ininterruptos. Por isso, não vou me deter em explicações muito profundas sobre a natureza do amor e da desilusão, mas ao mesmo tempo deixarei claro um pouco dos ingredientes dessa questão complicada que é o término de um relacionamento amoroso. Esse será um exercício de unir razão e emoção, por isso você precisa entender algumas coisas até curar essa hemorragia afetiva.

Provavelmente deve estar naquela fase pós-término, a qual chamo de relacionamento-zumbi, nem morto nem vivo.

Mesmo negando, deve haver alguma coisa entre você e o ex mal resolvida, seja de um lado ou de outro.

Sabe aquela conversa final ou uma explicação decisiva? Pois é, elas podem nunca surgir e você vai ficar meses ou até anos pendurada nessa relação empacada.

Pode ser até que você tenha um ex meio maluco que não facilita o rompimento, mandando recadinhos carinhosos ou fazendo provocações indiretas. Além disso, assedia, persegue ou seduz você e desaparece sem dar explicação. Pode ser também que você seja o ex que atormenta e não deixa a outra pessoa em paz.

Eu também atravessei uma dura jornada para me libertar de uma ex até superar aquela fase em que não acreditava que voltaria a sentir amor genuíno por alguém.

Como psicólogo, imaginei estar imune a esse tipo de debate pessoal e mergulhei ainda mais num processo de autoconhecimento para descobrir as raízes dessa fixação. Confesso que me debati por mais tempo do que gostaria até tomar uma decisão definitiva: deixar de uma vez por todas aquele fantasma onde ele devia ficar, ou seja, no passado.

Isso foi decisivo para que eu pudesse me recompor emocionalmente e entrar numa história que me mostrou quanto me arrastei, enganado e perdendo tempo.

Meu orgulho pessoal disfarçado de amor me levou a fazer coisas de que até Deus duvida. Passei por humilhações, brigas, vexames, fossas, mudanças de humor e exposições sociais completamente desnecessárias, simplesmente pela vaidade de não querer largar o osso ou ficar por baixo.

Depois de recuperado, comecei a escrever meu blog <www.sobreavida.com.br> para compartilhar muitas coisas que aprendi e desaprendi depois dessa jornada de autodescoberta.

Recebo diariamente dezenas de e-mails e recados no Facebook de homens e mulheres em busca de uma resposta para se livrarem

– ainda que não consigam ou não queiram – da influência tóxica de ex-namorados/maridos/rolos/cafajestes.

Este pequeno manual, simples e prático, é um sinal de esperança para mostrar como é possível seguir em frente e entender a natureza do verdadeiro amor. Procure escrever um diário de sua evolução e fazer as atividades recomendadas ao longo do livro. Ao final, terá um belo repertório de sua personalidade.

Apesar de parecer um livro escrito para mulheres, ele é destinado a qualquer pessoa que sofre de amor.

Leia os capítulos na ordem que quiser e conforme a sua necessidade.

a perda

CAPÍTULO 1

Descubra o que fascina você

Dois homens olharam através das grades da prisão; um viu a lama, o outro, as estrelas.

— **Santo Agostinho**

Dizem os curandeiros que um espírito do mal permanece preso a uma pessoa enquanto o encantamento tiver validade – por sete dias, sete meses, sete anos ou se outro trabalho for realizado para quebrar o feitiço.

Estou disposto a ajudar você a quebrar esse feitiço sem esperar tanto tempo e sem ter que apelar para vinganças intermináveis.

A primeira coisa que precisa entender é que não estamos mais falando sobre pessoas reais, mas com as imagens guardadas na sua cabeça. Aquelas sensações de saudade, dor e desespero nada mais são que imagens que você nutre, sem perceber, e que atrapalham sua tentativa de manter o equilíbrio emocional. Não trataremos de pessoas concretas daqui para a frente.

O segundo ponto é que, se não falamos de pessoas reais, não importa tanto se você terá ou não algum contato com seu ex para resolver o problema. É na sua cabeça que tudo acontece e onde está a verdadeira prisão.

O terceiro aspecto é identificar onde sua mente se pendura para ficar fixada a essa pessoa.

Seu impulso inicial será alegar que quer se livrar disso com todas as forças, mas não seja ingênua, pois, se realmente quisesse, já teria se libertado.

O quarto ponto é assumir a plena responsabilidade do que fizer daqui para a frente. Se resolver agir de forma impulsiva e quebrar o pacto que fará consigo mesma, é sinal de que vai adiar o rompimento definitivo e estender esse pesadelo por mais tempo.

Entenda um quinto detalhe: você está "enfeitiçada", portanto não confie muito na sua capacidade de tomar decisões inteligentes. Desconfie um pouco de si mesma e pense com mais calma antes de tomar qualquer decisão. Agora você está em carne viva e qualquer atrito mínimo pode abrir a ferida.

O sexto alerta é pensar sobre a natureza de um amor tão problemático como esse. Que espécie de amor pode causar tanto problema na vida de uma pessoa a ponto de perturbar os seus dias e causar tanto sofrimento ao acabar? O amor que faz sofrer no rompimento é o do tipo em que você se agarra para sentir que é feliz e está viva. É aquele sentimento que engana os sentidos e faz achar que não haveria vida para além do convívio com aquela pessoa.

O amor de verdade não tira a fome, o sono e a paz de espírito por meses a fio. Esse é um jeito doentio de se relacionar e deve ser evitado. Mas somos contraditórios e nos envolvemos em histórias cheias de complicações.

Esse amor conturbado revela algo doentio e infantil que prende sua imaginação por muito tempo e cria uma sensação enganosa de que sua vida não tem sentido sem ele.

Antes de conhecê-lo, você provavelmente se sentia fraca, triste, duvidosa e receosa quanto aos rumos do seu coração. Talvez ele tenha arrebatado seus sentimentos e dado um brilho novo à sua vida, certo? Seu sentimento de valor pessoal foi vagarosamente preenchido por esse relacionamento a tal ponto que você já não se via sem ele. Foi isso?

O sétimo aspecto que você precisa entender é que os relacionamentos sempre tomam rumos incertos e é um risco que corremos voluntariamente. A realidade indigesta é que não temos domínio da vida de ninguém.

Responda com toda a honestidade do mundo: o que você viu nessa pessoa que a fascina?

Talvez perceba que associou felicidade, alegria e crescimento ao seu ex e se esqueceu de que isso tudo é seu. No máximo essa pessoa despertou a alegria que era sua, mas não criou a alegria.

A resposta vai ajudar a entender o que talvez faltasse em sua vida e por que vem tentando desesperadamente prender essa pessoa a qualquer custo.

Lição de casa

1. Escreva como você se sentia antes de conhecer seu ex, se era feliz, se vivia realizada, se estava carente.

2. Agora escreva como se sentiu quando o conheceu.

3. Que tipo de sensação seu ex levou com ele?

4. O tipo de emoção que sentia antes de conhecê-lo voltou à tona?

CAPÍTULO 2

A dor da perda

Existem duas tragédias na vida. Uma é não conquistar o que seu coração deseja. A outra é conquistar.
— **George Bernard Shaw, romancista irlandês**

Os relatos de pessoas que sofrem de amor sempre são carregados de adjetivos fortes do tipo: "estou perdida", "não sinto mais que estou viva", "fiquei sem chão", "parece que um caminhão passou por cima de mim". Já reparou no nível de energia colocado numa relação amorosa?

Imagine-se numa viagem achando que pode deixar as bagagens no quarto, relaxar completamente e se sentir em casa. Repentinamente, é despejada sem prévio aviso e não tem tempo de recolher as malas.

Tente se lembrar de uma festa que foi bem confusa e você se sentia perdida e deslocada. No meio daquela bagunça é abordada por um cara que toca afetuosamente no seu braço e começa a conversar sobre realidades que você desconhece. Você se dispõe a conhecê-lo e, sem que perceba, conversa só com ele, ignorando todo o resto. Agora ele precisa ir embora. Você sente aquele vazio interior e percebe que a confusão inicial voltou a perturbar. Você está confusa e só.

É exatamente isso que acontece quando entramos e saímos de um relacionamento – aquele punhado de sentimentos e impulsos caóticos pré-romance encontra uma direção clara. Nessa hora, todos os medos em relação à vida ficam menores e a esperança aumenta radicalmente. Afinal, você já não se sente sozinha. Aquele time caótico contrata um treinador firme e seguro, bem diferente do anterior.

A paixão cria uma correnteza de sentimentos que estavam perdidos e se debatendo sozinhos, o caos toma uma única direção. A raiva que incomodava já não perturba, a inveja da melhor amiga amansa, a carência desaparece com a mágica do amor.

Depois do término é muito comum as pessoas tentarem recriar os cenários para ver se a sensação de preenchimento retorna. Vão à casa do ex para barganhar uma conversa íntima, pegam uma peça de roupa para sentir o cheiro ou ouvem a mensagem de voz ao telefone inúmeras vezes. Quando a pessoa vai embora, você se agarra à referência do beijo, do gosto, do jeito de olhar, transar, tocar, falar, rir, abraçar e acaba achando que ninguém mais provocará as mesmas sensações. A dor é grande por um único motivo: acreditamos cegamente que o encaixe perfeito nunca acontece mais de uma vez na vida.

Ignoramos que amadurecemos, encontramos outros gostos, paixões pessoais, e que estamos constantemente renovando o estilo de vida e as crenças sobre a vida. Seria plausível pensar que todos permanecem os mesmos, alimentando alto grau de afinidade?

O amor cria a ilusão de que a jornada cheia de dúvidas, anseios e aflições chegou ao fim, ou seja, o anseio de se sentir plena criou na imagem do ex essa miragem de ser insubstituível. Agora você já consegue perceber que foi sua imaginação que deu força para ela se instalar ali.

É muito comum identificar uma pessoa que não superou a falta do ex – a sensação que ela transpira é a de que já existe um lugar ocupado ao seu lado, como se fosse comprometida. Inconscientemente, você revela nos seus comentários: "nossa, com meu ex era assim", "nunca mais vou aceitar isso de ninguém, já basta meu ex", "você age como meu ex, isso não vai dar certo".

Nos dias de fossa, reforça o culto do mito na sua cabeça, distorcendo os fatos e superestimando a importância do ex: "ele nem era tão chato, só queria meu bem, por isso me criticava o tempo todo", "meu ex era presente, eu é que não estava muito aí com ele".

Minha amiga, você é que vem alimentando o reinado do ex no seu coração, mas libere esse palácio que só pertence a você.

Lição de casa

1. Agora que você tomou distância, quais são os defeitos que ele tinha que antes você ignorava? Descreva situações concretas.

2. Que qualidades você buscava nele? Enumere.

3. Essas qualidades faltam em você?

4. Você consegue identificar a razão pela qual precisava que ele tivesse essas virtudes?

5. Que hábitos tem sido especialmente difícil superar? O que eles significavam para você que não pode fazer sozinha?

6. Quais os traços da personalidade dele que você acredita que nunca achará em outra pessoa? Você seria capaz de desenvolver essas características em você?

CAPÍTULO 3
As 5 fases do luto

Quantas coisas perdemos por medo de perder.
— ***Paulo Coelho***

Há cerca de 30 anos, a médica americana Elisabeth Kubler-Ross resolveu ir além em relação aos outros médicos. Ela estudou a morte e como os pacientes reagem ao enfrentar uma doença terminal. Ela identificou cinco fases na vida de uma pessoa na hora do luto ou na iminência da morte.

Um relacionamento também é uma vida e passa por um luto. Afinal, não deixa de ser a morte de uma identidade de namorado, marido ou amante.

Negação

Depois que a relação acaba vem a fase de negação e aparente coragem. Parece que está tudo bem e você reage bem. Consegue contar para os outros, que até estranham sua recuperação tão rápida.

– Como está?

– Estou bem, estou bem, estou bem, estou bem.

– Já entendi. Quantas vezes mais vai dizer que está bem?

Nessa fase, não adianta falar ou aconselhar, pois é o choque inicial do momento novo.

Raiva

Passada a euforia inicial, surge uma fúria repentina. Essa raiva vem acompanhada de múltiplos julgamentos e da necessidade de acusar o outro. A pessoa liga para a outra, exige explicações e joga na cara cada detalhe. Devolve os presentes, queima os bilhetes e fotos e pragueja cada memória.

Essa fase é perigosa e costuma ser bem nociva para o ex-casal, já que aparentemente estão lutando pela recuperação enquanto abafam a verdadeira tristeza em seus corações.

Barganha

Agora a mente tenta fazer acordos para ter de volta o relacionamento. Padres, pastores e pais de santo são consultados oficialmente, além de mandingas e cartomantes. Essa é a fase em que você promete mudanças bruscas no comportamento para garantir o retorno da pessoa amada. Inesperadamente você fica gentil, dócil, amiga e pronta para perdoar a si e ao outro a fim de que tudo fique bem. Buscas espirituais costumam ser o consolo ideal nessa tentativa cega de retomada.

Depressão

Mesmo chacoalhando toda a estrutura, a ficha não cai e emerge a derrota, a culpa, as autoacusações e o sentimento de autodesprezo e apatia geral. A identidade da pessoa vai diluindo drasticamente.

O choro convulsivo aumenta e a vontade de desaparecer é insuportável. Angústia e medo são companhias constantes nessa fase. Até a tentativa de conhecer outra pessoa é um remédio intragável. Tudo lembra o ex, qualquer lugar, som, cor e cheiro.

Aceitação

Por fim, após reciclar seus sentimentos, o brilho do sol retorna. Aquela sensação de conforto começa a despontar no horizonte. Os olhos detectam novas paisagens e lentamente a vitalidade ressurge. A pessoa começa a posicionar o ex no lugar que merece. Sem acusação ou culpa, apenas constatando um término que não foi culpa de ninguém.

As fases nem sempre acontecem nessa ordem, muitas vezes se alternam num dia e se sobrepõem, mas já oferecem um mapa de como grande parte das pessoas se recompõe emocionalmente diante de um término inevitável.

CAPÍTULO 4
Por que não consigo esquecer?

Não há nenhuma prisão em nenhum mundo na qual o amor não possa forçar a entrada.

— ***Oscar Wilde***

Você não consegue esquecer porque não tem problema de memória. Tomar um pé na bunda não é nada fácil. Afinal, ficamos ressentidos, desgostosos, humilhados e com a sensação de estar por baixo, com o orgulho ferido. Esse é o ponto em que muitos se complicam.

Quando encontra o tal "príncipe encantado" (e quer ficar com ele a todo custo), acontece uma coisa estranha em sua mente: um mundo fantástico aparece.

Ocorre o mesmo com a Cinderela, que anda numa carruagem de abóbora e veste seus trapos transformados em vestido de gala. Ao se apaixonar pelo cara "perfeito", você própria se sente perfeita ao lado dele. Ser eleita princesa desperta um sentimento aparente de maior autoestima. Ao lado dele seu sorriso parece mais largo, o coração bate mais forte, a vida tem mais graça e a rotina parece mais agitada.

Encanto e magia são sensações que você não quer perder e por isso evita se afastar do ex. Por isso é tão difícil se desligar do passado, o sonho parece delicioso demais. Você não larga o osso porque ele a transformava numa princesa que não quer voltar a andar com a abóbora debaixo do braço. Sem ele você acha que voltará para uma vida sem graça.

Chama-se obsessão quando alguém permanece fixado num tipo de imagem, revivendo-a mentalmente sem parar e acumulando angústia. Você já viu uma vaca comendo um punhado de grama sem parar? Ela fica ruminando até poder engolir de verdade. Sua mente faz algo parecido com seu ex, pois até redescobrir sua real fonte de felicidade você poderá passar um bom tempo ruminando a ideia de que tudo voltará a ser como antes.

O vício em dopamina, uma substância química presente no cérebro e responsável pela sensação de saciedade, está associado à pessoa amada. Com o rompimento amoroso, o cérebro passa um bom tempo numa fase de protesto, reivindicando a antiga sensação agradável, como qualquer vício.

Sua memória começa a selecionar os melhores momentos e a evitar os ruins. Isso a impede de deixar de lado as lembranças amarguradas.

Ao se apegar a essa obsessão mental, ficam claros dois tipos de problema. Primeiro, você gosta de devanear mais do que de viver uma realidade satisfatória. Segundo, revela o que está faltando em sua vida para que rumine o passado em vez de seguir em frente.

Seria muito terrível perceber que tudo mudou e você parou no tempo se agarrando a uma sensação imaginária? Sinto dizer, mas é bem provável que você esteja se relacionando com alguém criado na sua cabeça, como um amor platônico idealizado para seu deleite pessoal, porém sem função real.

Percebeu como soa deprimente esse tipo de descrição quando olhado de fora? Agora você entende o motivo pelo qual seus amigos ficam tentando chacoalhar você desse mundo paralelo em que entrou?

Lembro-me de uma amiga de infância que passou quase três anos escrevendo cartas (na época em que ainda eram usadas) para um cara imaginando que ele só não respondia porque a mãe interceptava a correspondência, como acontece em filmes românticos. Ela acreditava religiosamente que quando a mãe do rapaz cochilasse e uma das cartas chegasse ao destino, ele viria correndo para os seus braços. Eu era pequeno, mas já me espantava ao vê-la falar dele como se ainda fosse real. Hoje consigo entender a razão de ela se agarrar àquela história: seus pais estavam passando por um doloroso processo de separação, com brigas e pontapés. Abandonar aquela obsessão custaria muito caro para aquela frágil adolescente com uma vida tão dura.

Uso como base esse pensamento para avaliar o nível de persistência que uma lembrança tem sobre outra. Quanto maior é a pobreza existencial naquele momento da vida, mais demorada é a superação. Sem opções emocionais mais interessantes, a mente gruda sobre o evento doloroso como forma de ter sentido na vida.

Quando você vai esquecer? Esquecer nunca será uma opção para o desfecho dessa história, a menos que você bata a cabeça e perca a memória. O que vai acontecer é que gradualmente sua vida entrará nos eixos, como quem acorda de um sonho ruim. Com o passar do tempo você vai conseguir olhar para trás e ressignificar a importância de tudo que aconteceu.

Lição de casa

1. Você se acha uma pessoa com dificuldade de superar os acontecimentos?

2. Identifique com honestidade as características que você tem:
   - medo da mudança;
   - dificuldade em lidar com surpresas;
   - preocupação com o que os outros pensarão de você;
   - considera-se uma pessoa sensível;
   - gosta das coisas no seu devido lugar;
   - gosta de pôr todos os pingos nos is;
   - adora discutir a relação;

- dramatiza acontecimentos ocorridos há muito tempo;
- sente nostalgia do passado;
- costuma achar que as coisas ganham mais sabor com o passar do tempo;
- fica brigando mentalmente com pessoas ou situações;
- quando se dá conta, já está remoendo um assunto;
- tem muitos "sapos entalados" na garganta;
- carrega mágoa das pessoas;
- chega a ser repetitiva em certas questões;
- tem tendência a separar razão e emoção.

Se apresentar cinco ou mais dessas características, é provável que seja uma pessoa obsessiva (ver apêndice) e que tem dificuldade em deixar a vida fluir. Isso pode ser a razão de não conseguir esquecer seu ex. Afinal, você não esquece nada.

3. Comece a desassociar as memórias que tinha frequentando novos lugares, mudando a disposição dos móveis e até a maneira de se vestir.

4. Mesmo que nem todas as coisas fiquem no lugar que imaginou, tente relaxar e se divertir um pouco.

a prisão

CAPÍTULO 5

Ganchos emocionais

Sofremos muito com o pouco que nos falta e gozamos pouco o muito que temos.

— **William Shakespeare**

Acho que agora você entendeu que está presa a uma pessoa que existiu muito mais na sua imaginação do que na realidade. Mas o que prende sua imaginação a ela? Lembro que eu passava dias remoendo cada uma das minhas atitudes que possivelmente levaram ao rompimento e chegava à conclusão de que havia feito tudo certo, mas isso me afundava ainda mais. Nessa hora a mágoa me prendia à minha ex e não me fazia bem, pois eu achava que o término havia sido injusto, que não havia recebido a devida consideração, e me sentia humilhado por conta de toda a dor que ela me fez passar. Era o orgulho batendo à minha porta e alimentando um ressentimento sem fim.

A raiva é capaz de ligar duas pessoas interminavelmente e a mágoa pode ser o elo que nutre vocês nesse pacto inconsciente de negação do término. Não existe nenhuma força oculta prendendo vocês, nem o destino ou sua família, mas você mesma, que de alguma forma abre espaço psicológico para jogos, fantasias e recaídas. Você é o varal no qual ele pendura suas roupas (e máscaras) prediletas, portanto, para que esse vínculo nocivo se quebre, você só poderá contar com suas próprias forças. Ao assumir a responsabilidade por sua fixação, terá mais chance de se libertar. Pode apostar que irá agradecer a si mesma daqui a um tempo.

CAPÍTULO 6

Imagens mentais

Sou como você me vê. Posso ser leve como uma brisa ou forte como uma ventania. Depende de quando e como você me vê passar.

— **Clarice Lispector**

Uma mistura de fantasia com realidade: esse é seu ex, pode acreditar.

A imagem com a qual você se debate tem três facetas:
- a pessoa real, que pensa, age e fala de um jeito específico;
- aquela que você gostaria que ela fosse;
- a que você tem registrada na sua memória emocional.

Nem sempre essas três imagens se parecem, aliás, elas costumam ser ligeiramente diferentes, quando não são até radicalmente desencontradas. É muito comum notar essas divergências quando tudo acaba, pois depois que ninguém é "obrigado" a ser amistoso o ex-casal começa a se tratar de maneira agressiva e bruta.

Essa fase em que as máscaras de suavidade caem traz à tona o que estava debaixo do tapete. Nem sempre gostamos do que vemos e por esse motivo surge a inevitável decepção. O ponto importante é reparar que durante o relacionamento já não temos total noção de quem é a pessoa real. É bem possível que se relacione com fragmentos da realidade misturados com suas fantasias e versões pessoais do que aconteceu.

Você já deve ter se flagrado contando uma história que ouviu como se fosse sua (ou mais emocionante do que realmente foi) e com o tempo a incorporou ao repertório de casos legais para contar entre amigos. Como eu já disse, grande parte se relaciona com a imagem da pessoa dentro da própria cabeça – por isso acontece o fenômeno do membro fantasma, que ocorre com pacientes que tiveram algum membro amputado.

Quando você fala da pessoa que ama, está formulando hipóteses sobre uma imagem consciente ou inconscientemente. Isso quer dizer que você agiu como uma artesã ao construir cada feição imaginária com a qual se relaciona. Se você construiu essa imagem, poderá desconstruí-la. Logo, você não está aprisionada pela eternidade. A realidade é um diamante de mil faces e cada face é o olhar de uma das mil pessoas. Não há realidade em si, mas uma realidade construída coletivamente.

Quando nos apaixonamos por alguém, temos uma pequena "ilusão de ótica", achamos que é na pessoa que mora o elemento apaixonante, mas a paixão acontece no seu corpo, no estômago que fica suave e nos olhos que brilham. Ela acontece em você e não na pessoa.

Se essa pessoa faz algo que você considera repugnante e quebra suas expectativas rapidamente, essas sensações apaixonadas desaparecem. A pessoa é a mesma, mas sua interação com ela não, e por esse motivo tudo muda para os seus olhos. A paixão está nos olhos de quem vê.

A realidade tão "real" que gostamos de imaginar não é pré-dada em si, mas um aparecimento que emerge de forma dupla entre o observador e o observado.

Quando você fala que algo não presta ou é ruim, na realidade está tratando do quê? Da relação que estabelece com aquele objeto e não do objeto em si. Portanto, em cada opinião "neutra" que emite existe uma porção da sua personalidade implicada. É o seu filtro que interpreta os fatos, você é cocriadora da realidade que habita.

Alguém diz: "Você viu como fulano é metido?". O outro responde: "Ele é autoconfiante". São percepções distintas que não definem a realidade como é, mas como se apresenta para cada um. Isso não tem nada de místico nem é mero jogo de palavras, mas uma maneira fluida de entender que a realidade que chamamos de realidade é apenas a realidade que capturamos.

Para cada pessoa, a beleza, assim como o amor, a paz, a fé, a vida, é o resultado de como se deu a trajetória de seu olhar até hoje.

Lição de casa
Passo 1 — Perceba a imagem mental
Não adianta você continuar insistindo que está apaixonada por uma pessoa que já não está presente fisicamente em sua vida. Agora você está se debatendo com a imagem interna e ela é criação sua.

Passo 2 — Qual é a origem dessa imagem?
Pergunte a si mesma de forma honesta quais são as raízes psicológicas dessa imagem. Na sua infância, alguém dava a você uma sensação parecida? Consegue fazer paralelos da necessidade que tinha do seu pai ou da sua mãe?

Passo 3 — Desmonte a fantasia
É como se fosse uma roupa, tirando os excessos para depois chegar à raiz do problema. Como se estivesse descascando uma cebola – tire as camadas externas daquelas características que você exagerou, dramatizou ou superestimou. Ele era tão incrível ou você coloriu a personalidade dele com cores mais fortes? Ele estava realmente do seu lado ou você queria acreditar que era mais companheiro do que de fato era?

Passo 4 — Brinque com a imagem
A melhor maneira de desidratar uma imagem é poder brincar com a ideia como quiser. Virá-la de ponta-cabeça, imaginá-la em preto e branco, em forma de desenho animado, vestida com roupas diferentes,

falando como um personagem famoso, enfim, desfazendo a seriedade colocada sobre ela.

Passo 5 — Reconstrua
Depois de um tempo, tente revisitar aquela imagem como se já tivessem se passado dez anos. O que você diria depois de passado o impacto emocional da história toda? Outra maneira de reconstruir é imaginar o que uma vizinha fofoqueira diria sobre aquela pessoa ou sua mãe. O ponto principal é reduzir o grau de fantasia e chegar mais próximo do que realmente era.

CAPÍTULO 7

Esperança cega

É horrível assistir à agonia de uma esperança.
— **Simone de Beauvoir**

"É a falta dele que me dói", relatou uma garota sobre seu ex.

Nessa hora a mente humana se protege como pode e um dos principais recursos utilizados é manter uma aparente sensação de que nada mudou.

Acreditar que o poder da fé é capaz de reverter a decisão de uma pessoa pode ser um dos enganos mais terríveis. A esperança numa mudança favorável a seu favor é fundamental para que a loucura não tome conta ou surja alguma atitude impulsiva e desesperada. No entanto, noto uma particular persistência de algumas pessoas em não seguir em frente e ficar como uma alma penada vagando até encontrar uma explicação racional ou uma retratação por parte de quem se foi.

Curiosamente, o motivo pelo qual muitas pessoas se debatem interminavelmente é a fixação incessante em algo que consideram bom, gostoso ou vantajoso.

O budismo explica que a raiz de todo sofrimento é o apego a algo que sabemos ser mutável, imprevisível e finito – a vida.

Quando nos apegamos cegamente a algo ou alguém, esperando que isso não mude e nos dê uma satisfação perpétua, estamos caindo numa armadilha perigosa. Sabe aquela arapuca de pegar passarinho? Caímos nela diariamente ao idealizar que as pessoas não mudam e que seus sonhos e desejos podem ser congelados numa bolha.

Nesse mundo projetado para sustentar segurança absoluta é que mora toda a dor que experimentamos.

Queríamos permanecer jovens e envelhecemos, queríamos ficar saudáveis e adoecemos, queríamos passar na faculdade e não passamos, queríamos amar alguém especial e ele se vai.

Estamos presos na roda interminável do apego a velhas ideias, conceitos antigos e desejos ultrapassados. Repare que as pessoas adoram idolatrar as novidades, mas quando elas chegam acontece uma resistência incrível. Deixamos o sonho engavetado, recuamos quando pensamos nele e seguimos a vida nos queixando inutilmente do que poderia ter sido e não foi.

Querer que o ex permaneça a qualquer custo pode se tornar um tipo de apego sem necessidade em sua vida. Será que você nutre esperança ou apego?

CAPÍTULO 8

A rejeição

– Você já sofreu muito por amor?
– Estou disposto a sofrer mais.

— **Resposta de Pablo Neruda em
entrevista a Clarice Lispector**

"Desculpe, falei com você até agora, mas não tinha reparado que era tão especial. Esqueci que você é irrecusável." Foi assim que meu amigo me chacoalhou quando eu lamentei ter tomado um pé na bunda. Aquilo me machucou, mas tive que parar e refletir com honestidade – "realmente não sou irrecusável, ninguém é".

Comecei a catalogar as celebridades hollywoodianas, lindas e estonteantes, e percebi que elas também já foram dispensadas pelos seus parceiros. Ninguém escapa dessa lista nem é insubstituível.

Por que alguém se acharia numa posição pessoal tão privilegiada que nunca pudesse ser abandonado pela pessoa amada?

A resposta é simples: superestimamos nosso desempenho pessoal. Pense com um pouco mais de calma em sua vida. Ela é tão brilhante e fantástica que ninguém poderia recusar um convite? Mesmo que você seja irresistível, ainda assim nunca poderia ser deixada de lado?

Sempre sabemos responder onde os outros causam problema na nossa vida, mas raramente nos perguntamos onde somos problema na vida dos outros. O seu namorado (ou paquera) supria suas expectativas e você o achava o máximo, mas talvez nunca tenha se dado conta de que você era insuficiente na vida dele.

Dentro das expectativas dele você não era tão legal, divertida, interessante, bonita e boa companhia. Ele tinha o direito de achar isso de você, não é? O problema é que sempre nos achamos a última bolacha do pacote, mesmo sem admitir.

Quando você é rejeitada, nem desconfia que ao convidar outra pessoa para fazer uma viagem em sua vida deveria avaliar se o destino proposto é um lugar agradável para conhecer.

Sempre acho prudente fazer uma faxina séria em casa antes de hospedar um convidado. Mas na maior parte das vezes as pessoas querem trazer hóspedes para uma casa interior que nem elas próprias habitariam. Isso é tão comum que nem reparamos. Lembra aquele vazio pessoal que o outro preencheu? Provavelmente você estava numa fase tão estranha ao conhecer a pessoa que nem você se suportava. A paixão e os primeiros momentos de relacionamento amorteceram o impacto desse desagrado.

Com o tempo o seu padrão pessoal foi caindo e voltando ao estado anterior e a intimidade deixou você mais à vontade para voltar a reclamar, azedar o leite e recuar no velho padrão. Até que o namorado resolveu cair fora.

Se em algum momento uma pessoa compra gato por lebre, houve um vendedor. Será que foi você? Talvez nunca tenha pensado que essa rejeição foi sensata e a pessoa que a deixou fez uma escolha acertada: não teria valido a pena seguir a seu lado.

Por conta da cegueira amorosa, as pessoas acabam negligenciando os cuidados pessoais e emocionais básicos e se tornam más companhias. O fato de estarem juntos há dez anos não revoga o direito de o parceiro perder o interesse e seguir em frente a qualquer momento. Ele não precisa dar mil explicações, só o fato de não querer já seria justo.

Eu não quero mais esse emprego! Por quê? Porque sim. Quando o assunto é emprego, parece mais fácil ouvir essa resposta e imaginar que a pessoa estava infeliz naquela empresa. Por que não pensamos o mesmo quando o assunto é relacionamento amoroso?

Não aceitamos ser trocados, deixados, passados para trás ou feitos de bobos. Esse é o nosso mal, tornamos tudo pessoal e ofensivo e privamos a pessoa que está ao nosso lado de seguir conosco ou longe de nós. Será que seu orgulho é tão forte que não pode assumir que foi deixada de lado definitivamente? É muito doloroso reconhecer que agora deve ser uma pálida lembrança do ex e que já não tem significado real para ele? Não se engane em achar que teve um desempenho exemplar; foi bom na sua visão, na dele pode ter sido desastroso. Ele tem o direito de sair da sua vida a qualquer momento, assim como você teria.

Acho mais honesto pensar assim do que carregar por toda uma vida a sensação esnobe de qualificar a si mesmo como uma pérola jogada aos porcos. Afinal, será que temos certeza de que nossa companhia é uma joia legítima?

Lição de casa

1. Quais as primeiras experiências de rejeição que teve com seus pais? Escreva duas marcantes.

2. Quais as primeiras experiências de rejeição que teve amorosamente? Como reagiu?

3. Percebeu algum padrão ou semelhança entre as duas reações?

4. Com quais características suas você acredita ser particularmente difícil conviver?

5. Escolha a pior delas e comece a observar durante uma semana como ela afeta negativamente sua vida e vá anotando. Se puder, faça pequenos esforços para agir diferente.

CAPÍTULO 9

A mágoa

O prazer visita-nos muitas vezes, mas a mágoa agarra-se cruelmente a nós.

— John Keats, poeta inglês

Nunca nos magoamos com os desafetos, deles sempre esperamos um desagrado. A mágoa de verdade é sempre resultado de uma relação de lealdade, confiança e cumplicidade.

A mágoa surge de uma quebra de expectativas, de alguém que prometeu ser ou fazer algo e o outro se viu prejudicado por causa de uma promessa que não se cumpriu. A quebra de expectativas é um acontecimento relativamente comum na sua vida e na minha, e a maneira como essa desilusão é administrada vai revelar o seu grau de maturidade.

O ponto indigesto sobre os relacionamentos amorosos é que eles não são determinados prioritariamente pelo amor, mas por uma série de variáveis que incluem traços de personalidade e estilo de vida.

No começo de um relacionamento é muito comum imaginar as coisas maiores do que são, por isso as promessas surgem com mais empolgação e naturalidade, ao contrário do que acontece depois de algum tempo de convivência.

Com exceção de quem age de má-fé logo no início, pode-se correr o risco de uma mudança substancial dos outros a qualquer momento. A vida muda, as coisas se revelam, as decepções mútuas surgem e nem sempre tudo fica tão claro ou parece fácil de comunicar.

Quem nunca passou pela situação de ter que dar uma notícia ruim ou difícil para alguém e ficou enrolando o máximo de tempo possível? Ao dar a notícia, a outra pessoa é pega de surpresa e por conta disso se sente ofendida. Ela naturalmente se questiona sobre sua própria cegueira, até que encontra um modo mais fácil de lidar com sua tristeza, que é alimentando a raiva da outra pessoa.

A raiva aparentemente dá força e distrai a pessoa de sua dor, mas é um anestesiante que mascara a "inflamação" real e impede que algo se transforme de verdade. Enquanto acusa, pragueja ou tenta reparar o mal que sofreu, a pessoa se recusa a tirar boas lições, avaliar seu próprio comportamento ou seguir em frente. A tristeza abafada pela raiva origina a mágoa e também certa paralisia emocional que impede o ressentido de viver com qualidade.

É possível até fazer uma radiografia da mágoa:
- Você conhece a pessoa.
- Sente encantamento.
- Idealiza a pessoa.
- Tenta encaixar a pessoa em suas idealizações.
- A pessoa revela características e comportamento discordantes com suas expectativas.
- Você sente frustração.
- A pessoa repete o comportamento.
- Vocês brigam.
- Acontece um rompimento.
- Você acha que foi injustiçada ou ofendida por mentiras e má-fé.
- Quer reaver sua dignidade.
- Exige retratação.
- As desculpas não surgem por parte do outro.

- Você fica remoendo cenários em que foi inferiorizada e quer voltar a se sentir bem.
- Continua magoada.
- Afasta as pessoas de perto de si sem perceber.
- Continua emocionalmente fechada.
- Acha que ninguém merece seu amor.
- Culpa a pessoa por ter estragado sua vida.
- Alimenta uma desconfiança generalizada porque todos agiram igual.
- Continua sozinha e alegando desilusão.
- Como está sozinha, mistura essa tristeza com a mágoa.
- Ciclo sem fim.

Pense com calma e tente perceber se o seu orgulho não é parte essencial da mágoa. Até que ponto você assume a sua parte nessa história?

Será que você pode afirmar com absoluta certeza que estava presente nesse relacionamento? Ou será que estava fixada naquilo que queria ver?

Lição de casa

1. Você é uma pessoa orgulhosa? Cite três situações em que o orgulho age sobre você.

2. Quais desses hábitos você apresenta?
    - quer falar de todos os assuntos;
    - gosta de ser o centro das atenções;
    - internamente alimenta a sensação de que é bem diferente das outras pessoas;
    - às vezes se aborrece quando é contrariada;
    - se irrita com pequenas contrariedades do dia a dia;
    - tem dificuldade em receber um não;
    - tem medo de fracassar;

- faz de tudo para não cometer erros;
- prefere ter controle das coisas;
- entendia-se com facilidade;
- acha as mudanças difíceis.

Se apresentar cinco ou mais dessas características, você pode se considerar grande candidata ao orgulho. Esse pode ser um motivo real para não superar o término (e não por amor).

3. Quais as expectativas que você tinha em relação a seu ex?

4. Que tipo de sinal você ignorou sobre um comportamento ruim dele?

5. Como alimentou e participou das coisas ruins que recebeu?

6. Pare de exigir retratações.

7. Quando se lembrar de uma cena de humilhação, faça algo concreto por você para reafirmar que esse valor pessoal é importante.

8. Permita-se receber coisas boas das pessoas.

9. Pare de sentir piedade de si mesma, ninguém é vítima. Faça uma lista de 20 coisas boas em sua vida.

CAPÍTULO 10

Vingança

A vingança é uma forma preguiçosa de sofrer.
— *do filme* **O intérprete**

Muitas pessoas às vezes se perguntam se não foram amarradas amorosamente por conta de macumba. Acho engraçado esse tipo de pergunta e não me cabe, como psicólogo, investigar as raízes espirituais dessa informação. Questiono de onde essa pergunta surgiu, pois na maior parte das vezes, se não em todas, a pessoa "amarrada" está assim por conta própria.

Não é raro perceber que algumas vezes somos distraídos sociais (às vezes egocêntricos) e não notamos quando somos abusivos e acabamos exigindo demais dos outros.

Quando o outro reivindica espaço, atenção, apreço ou carinho, ignoramos esses sinais e seguimos em nosso autocentramento emocional. Quando irrompe uma traição, um agravo, um abandono, uma humilhação, uma briga sem sentido, achamos tudo desproporcional e reagimos de forma indignada, revidando o que consideramos abusivo no outro. Sem notar, agravamos algo que poderia não ser tão problemático. Cada um segue para um lado, começa a fantasiar desagrados, polemizar coisas minúsculas e fermentar um ódio sem sentido.

O gosto que se toma odiando é muito grande. Assim como o amor apaixonado, o ódio sequestra nossas atenções. Todos os impulsos destrutivos que possuímos se dirigem para um único alvo. É mais fácil atacar o desafeto do que encarar a própria capacidade de produzir dor a nós mesmos.

Como a punhalada parece ser um fator surpresa, é bem comum deixar a sequela de carinho interrompido e recolhido.

Num caso amoroso rompido, o ódio é uma distração para o fato doloroso de que você "não foi eleita, não é especial nem indispensável". Esse ódio, se olhado com cuidado, revela um luto não realizado, daquele tipo de dor preguiçosa que não quer ser encarada.

Odiar é a escolha covarde de quem prefere gastar seu tempo e energia em atacar, acusar, reclamar sem assumir que sua própria vida está passando em branco. Seria mais sensato assumir o rumo da própria vida.

Não é o desafeto que irá apodrecer com seu ódio, mas você, que se acomodou na amargura nostálgica. Ainda que o outro ajoelhe, peça perdão ou se regenere, nada voltará ao que era antes. Só o novo pode assumir algum lugar. Não é o ódio que precisamos atacar, mas o amor escondido atrás da raiva.

A realidade dura e silenciosa é que quem desdenha, se pudesse voltar no tempo, ainda gostaria de comprar.

Quem dera fosse culpa da macumba...

os jogos

CAPÍTULO 11
Jogos emocionais

Onde o amor impera não há desejo de poder; e onde o poder predomina há falta de amor. Um é a sombra do outro.
— **Carl Gustav Jung**

O que são jogos emocionais?
Jogos emocionais são formas de distração psicológica que desviam a atenção daquilo que realmente importa. Além disso, eles nos afastam de um tipo de intimidade genuína. Todos os jogos emocionais simulam um estado de aparente controle e segurança e nos afastam da vulnerabilidade pessoal.

Os jogos surgem de relações que se pretende manter superficiais, são como uma tentativa de manter algo significativo oculto, dissimulado ou fechado.

Existem jogos mais óbvios e com movimentações simples, como aquela manha que você faz quando se vê contrariada. E podem ser jogos mais complexos, que transcorrem ao longo de uma vida inteira. Já atendi pessoas que estavam tão identificadas com seus jogos que nem sabiam quem eram, e quando tentavam se descrever pairavam muito rasas nas próprias características.

Um sinal claro de que uma pessoa está vivendo sobrecarregada de jogos é o sentimento de vazio. Nos jogos psicológicos, a verdadeira substância emocional do que está sendo vivido fica tão encoberta em estratégias de poder e dominação que aquilo que realmente dá sentido e gosto pessoal permanece soterrado em fuligem mental.

Como identificar os jogos?
Alguns exemplos:

1. Na balada, ela fica fazendo cara de difícil para assegurar que um cara "confiante" a paquere olho no olho.
Nesse jogo, ela está ocultando a própria ansiedade em encontrar uma pessoa para se relacionar. Se ela conta com a beleza, já sabe que pode barganhar alto, mas mesmo assim corre o risco de selecionar as pessoas por motivos superficiais e não se permitir ter um encontro de verdade.

Provavelmente está muito presa a artimanhas e nem sequer sabe onde começa o seu desejo e quanto de preconceito impede seu coração de sentir algo legítimo por alguém. A vítima desse jogo se deixa levar pela superioridade estética e se sente bloqueada para qualquer aproximação que não seja usando de outros jogos.

2. Ele está em um emprego novo e diz para todo mundo que está adorando o desafio.
O comportamento aparentemente autoconfiante é um dos jogos mais comuns que partem de fontes muito temerosas, pois a pessoa realmente confiante não costuma alardear seus feitos. Nesse nível de ansiedade primária é muito natural se reafirmar e usar as pessoas como testemunhas de suas realizações.

3. O casal fica a todo momento fazendo provocações para agredir um ao outro.
Muitos casais são condicionados a ter altas emoções, sejam elas de amor ou raiva. Como não estão habituados a administrar fases de baixa, acabam usando de brigas e provocações para apaziguar o medo de que o tesão ou a intensidade acabem.

4. Ela está magoada com ele e faz greve de sexo até que ele se desculpe.
Em vez de admitir o próprio temor e as dificuldades sexuais, o casal entra no jogo do sexo-moeda, ou seja, o sexo passa a ser a moeda de troca por bom ou mau comportamento cotidiano.

Nesse caso, a mulher se sente impotente para propor ao parceiro (que também está emocionalmente bloqueado) uma abertura maior. Ele só sabe fazer sexo bruto (dissociado de afeto e intimidade emocional) e ela ainda sente dificuldade de assumir plenamente sua disponibilidade sexual (dissociada de emoções profundas).

5. Ele se faz de vítima para a mãe ajudar com algum dinheiro.
Como não se dispõe a enfrentar o mundo adulto e seus desafios, ele acaba sempre causando problemas para si mesmo e usa a mãe como um recurso para perpetuar seus próprios medos e fracassos. Na dúvida, sempre prefere recuar ao papel do menino frágil e indefeso.

Como encerrar os jogos
Apenas pare de jogar e observe sua mente.

Observe sua mente. Só isso.

"Só isso, Fred? Não vai funcionar."

Observe esse comentário que sua mente produziu exatamente agora. Só observe, repare nos caminhos que ele seguiu.

"Só isso, Fred? Não vai funcionar."

"Só isso". Aqui sua mente flutuou por uma ideia de simplismo. Ela quis ir mais alto do que aquilo que eu tinha proposto. Uma mente que gosta de superar o que os outros propõem. Nesse caso, especialmente o Fred.

"Não vai funcionar" – agora sua mente tornou a ideia banal. Como se já tivesse praticado esse método de auto-observação por dias a fio, você diz levianamente que não funciona. É possível que tenha tentado observar seus próprios pensamentos por alguns segundos e logo já declarou que não funciona.

Não funciona para quem não pratica.

Você pode observar sua mente tranquilamente a qualquer momento. Lembre-se, você não é sua mente.

Outro dia eu me senti rejeitado numa certa situação e logo minha mente correu para um quarto. Fui exposto imediatamente aos meus medos de não ser amado.

Serenei minhas ideias e simplesmente – sim, simplesmente – observei com atenção para onde minha cabeça ia. Ela foi longe, e quando percebi isso eu dei risada de mim.

Notei que quando algo me contraria minha mente vai em busca de um refúgio onde eu me sinta um coitadinho que busca o amor. Quase imediatamente consegui sair daquela letargia autopiedosa e voltei ao meu normal.

Essa manobra demorou no máximo três minutos e a pessoa que supostamente me rejeitou (ela só disse que não poderia ir comigo ao shopping) nem sequer notou minha oscilação e toda a correnteza de sentimentos associados a uma recusa ingênua.

O que teria acontecido caso eu deixasse os sentimentos tomarem conta de mim? Possivelmente eu ficaria emburrado, aborrecido, mal-humorado, irritado e agiria de um jeito patético, "pidão", ou tentaria me mostrar superior e até esnobe, como quem diz: "Eu não preciso de você!".

O que quero deixar claro é que podemos simplesmente observar e perceber que aquilo é só um pensamento e um sentimento, nada mais que isso. Essa manobra de auto-observação fez com que eu me desse conta de que o EU que estava consciente de toda essa movimentação pôde ficar estável em face de tudo o que ocorria e que era esse EU-observador que estava agindo agora calmamente, sem carência, orgulho e agitação.

Quando o EU-observador olha aquele sentimento, consegue ganhar uma força transformadora, desidentificada do Eu-raivoso-medroso-triste, e tirar seu corpo de um estado de prostração, fraqueza e torpor.

O EU-observador consegue agir como um policial pacífico que revela o cativeiro em que sua mente estava refém. Você se sente como alguém que foi encontrado quase morto e rendido dentro de si mesmo e agora pode voltar a respirar em paz.

O segundo passo para quebrar os jogos é ter a coragem de explicitar o que está acontecendo usando de tato e generosidade. Se a pessoa usa um artifício mais rígido, sinaliza que o ocultado é mais doloroso. A quebra dos jogos precisa partir de alguém que esteja mais livre dos próprios jogos, ou seja, uma pessoa que tem treinado uma comunicação mais autêntica e harmoniosa. Normalmente, quando alguém tenta quebrar os jogos usando artifícios de poder ou jogos mais sutis do tipo "eu te ajudo, mas quero algo em troca", o resultado é pouco efetivo e até desastroso.

Deixar claro um constrangimento, um incômodo, uma culpa, uma raiva sem ser invasivo ou reativo é muito trabalhoso; de modo geral escolhemos a maneira mais cômoda de agir, que é embarcar num mar de acusações sem fim.

A melhor maneira de abrir uma alma é sendo uma também.

CAPÍTULO 12

Artimanhas do ex

A vida não é um jogo em que só quem testa seus limites é que leva o prêmio. Não sejamos vítimas ingênuas dessa tal competitividade. Se a meta está alta demais, reduza-a. Se você não está de acordo com as regras, demita-se. Invente seu próprio jogo. Faça o que for necessário para ser feliz. Mas não se esqueça de que a felicidade é um sentimento simples, você pode encontrá-la e deixá-la ir embora por não perceber sua simplicidade.

— **Mario Quintana**

Se você está com dificuldade de se desligar do seu ex, provavelmente ele não deve estar facilitando sua vida.

De vez em quando ele entra em contato direto por meio de e-mail, telefonema, torpedo, inbox do Facebook ou indiretamente por frases jogadas "ao vento" no mural das redes sociais, recados por amigos comuns, e-mails "coletivos" ou qualquer meio que faça chegar alguma mensagem. E isso tira você do sério!

Ele não quer nada mais sério, mas continua testando sua capacidade de ficar longe e se recuperar emocionalmente. Essa é a fase mais difícil, pois você precisa de tempo, distância e boas práticas para conseguir se recompor completamente.

O ponto principal é que ele ainda quer de alguma forma roubar sua vitalidade e se sentir o maioral.

Nem sempre as pessoas são bem intencionadas, já que se perdem em seus sentimentos. Seja para ter uma transa ocasional ou simplesmente perceber que você ainda o ama, seu ex irá atiçar suas emoções e se aproveitar dessa fase de fragilidade emocional. Isso NÃO É AMOR! Não caia nessa, pois a probabilidade de se machucar é muito grande. Ele não faz isso de forma totalmente consciente, a não ser que seja um maluco ou psicopata, mas também não é completamente ingênuo. Enquanto você oferece um gancho emocional, ele vai continuar pendurando a roupa suja em você.

O resultado desse jogo barato é que você ainda ficará com a vida amorosa empacada, sofrendo ataques de saudade misturada com raiva, caindo em esperanças agudas e falsas tentativas de retorno.

Eu me lembro de que caí em todas as estratégias que vou narrar nos próximos quatro capítulos, portanto, as supostas "vítimas" oferecem terreno fértil à ação tóxica de um fantasma que deveria permanecer morto.

A frase que ele não quer admitir é: não quero mais nada com você a não ser me divertir, transar, sentir que sou importante e cair fora!

Você pode continuar se comportando de forma ingênua, cedendo e imaginando um futuro ao lado dele, mas não seja boba: ele só quer sua energia e atenção para validar a incapacidade dele de se sentir bem por conta própria sem que alguém puxe o saco ou simplesmente porque não se importa com a repercussão daquilo que faz.

Ele até pode achar que vocês têm uma chance, mas não se comporta de acordo, então não acredite em promessas sem ações (veja o apêndice sobre como identificar um cafajeste).

Com o tempo você vai notar que ele usará uma das quatro estratégias seguintes, todas juntas ou alternadas. Ele aparecerá e, sem que você perceba, desaparecerá sem dar muitas explicações.

Não pense que essas estratégias são executadas por monstros; elas são usadas por pessoas comuns que agem dominadas por orgulho, egoísmo, carência e confusão mental. Até você pode agir desse modo, sem se dar conta de que está prejudicando alguém. Nessa hora o amor parece justificar qualquer crueldade, até chegar o dia seguinte e você perceber que tudo está como antigamente.

Nesses jogos de amor ninguém é mocinho ou bandido.

CAPÍTULO 13
O amante latino (sedução)

Não há nada em que paire tanta sedução e maldição como num segredo.

— **Søren Kierkegaard**

A principal artimanha usada pelo ex é cativar você por aquilo que os aproximou e usar de saudade afetiva e sexual para cativar um *flash* de sua "energia" sentimental.

"Saudade daquela época."
"Era tão bom estar ao seu lado."
"Queria matar a saudade e ver no que dá…"
"Não consigo ficar muito tempo sem você."
"Tomei a decisão de terminar, mas quando penso em você meu corpo treme."

Qualquer dessas variáveis é uma maneira safada de deixar você com as pernas tremendo e extremamente tentada a transar. Mas lembre-se de uma regra básica: algumas pessoas conseguem transar sem que isso signifique algo além disso.

No entanto, você sempre buscou o sexo como uma forma de se conectar com ele, ou seja, você não irá só transar com ele, mas vai ficar emocionalmente envolvida e terá uma recaída forte.

Entre você e ele dificilmente será só uma transa; haverá muito mais envolvimento, portanto, caia fora.

O ritual é até previsível:
- ele desaparece por um tempo;
- você fica aflita;
- ele joga uma indireta;
- você cai na indireta e entra em contato;
- ele usa de chamegos do passado;
- vocês transam ou ele rouba um beijo;
- você fica encantada, achando que tudo pode voltar a ser como era antes;
- ele desaparece.

Estratégia: ele vai seduzi-la e apelar para seu desejo de que volte a amar você.
Seu ponto fraco: carência afetiva.
Sua reação: ceder e dar atenção afetiva e sexual.
Consequência: você ficará arrasada, com saudade e com a sensação de que nunca vai encontrar alguém que a complete sexualmente.
O que deve fazer: ignore, não fantasie retornos, não vá para a cama com ele. Se estiver carente, busque formas de satisfação sexual com estranhos (com quem não esteja emocionalmente envolvida). Se for caso de desespero, nunca com ele. Nunca!

Lição de casa

1. O sexo era o ponto central da relação?

2. Você se sente vazia se acha que alguém não a deseja ou ama? Por quê?

3. Quando cede sexualmente a ele, é de sexo que está atrás ou acha que na cama o convencerá a ficar com você?

4. Quantas vezes já transaram ou se beijaram depois que terminaram? Isso realmente fez bem a você? Por quanto tempo?

CAPÍTULO 14

O coitadinho (vitimismo)

> *Há uma espécie de conforto na autocondenação. Quando nos condenamos, pensamos que ninguém mais tem o direito de fazê-lo.*
>
> — **Oscar Wilde**

É muito natural os dois lados ficarem abalados com o término do relacionamento. Ele, que terminou, ficará sentido e aflito, mesmo que não queira ficar com você. Nos dias ruins dele você será a primeira a vir à mente, porque foi a referência mais recente.

Vocês têm uma história, intimidade, e estão acostumados com os jogos e manhas um do outro. São jogadores de xadrez que conhecem os vícios e virtudes do oponente.

Quando ele ficar mal, carente e tiver algum fracasso na tentativa de ficar com alguma garota, provavelmente irá recorrer a você para levantar o moral. Não se engane, essa é a estratégia mais manjada usada para tentar ficar melhor. Não ceda a isso e não deixe que ele crie engano para ambos, afinal, é só fragilidade, não amor genuíno.

"Estou me sentindo tão mal."
"Você sempre foi meu porto seguro."
"É muito difícil me reerguer sem sua ajuda."
"Sou um homem melhor por sua causa."
"Não me sinto bem e você sempre me colocou pra cima."

Isso vai pegar você no instinto maternal que os levou a se tornarem bons amigos e maus amantes. Ele precisava de sua ajuda, mas sentirá tesão pela amiga gostosa.

O ciclo será:
- ele está longe;
- você fica sabendo que ele está mal;
- tenta descobrir dele o que está havendo;
- ele desaba(fa);
- você o consola ou ajuda;
- ele desaparece.

Estratégia: ele vai se mostrar carente, com problemas pessoais (financeiros, amorosos, familiares) ou de saúde.

Seu ponto fraco: necessidade de cuidar e ser maternal nas relações.

Sua reação: vai querer ajudar "só dessa vez", se envolverá, emprestará dinheiro, levará ao hospital, ao médico, ao templo religioso, ao psicólogo.

Consequência: continuará dependente dele até que ele desapareça e você acabe percebendo que mais uma vez agiu como boba, ficou mal e está sozinha de novo, enquanto ele está se divertindo com os amigos (e com outra mulher).

O que deve fazer: ignore, procure meios próprios para resolver suas dificuldades e deficiências e lembre-se de que ele foi o seu apoio durante muito tempo, mas a capacidade de ficar de pé sempre foi sua. Do mesmo jeito que ele ajudou você, outros poderão ajudar.

Mas será do mesmo jeito que ele fazia? Não. E daí?

Lição de casa

1. Você teve que assumir responsabilidades muito cedo em sua vida?

2. Como costuma lidar com a exigência dos outros? E com as suas?

3. Sente dificuldade em se deixar ajudar e receber coisas dos outros?

4. Tem medo de não ser amada se não fizer algo para os outros? Costuma fazer o perfil de pessoa que ajuda todo mundo?

5. Sente-se importante, útil e envaidecida ajudando o seu ex?

6. Tem dificuldade de recusar um pedido de ajuda dele?

7. Fique uma semana sem tentar ajudar alguém. Não há nada de egoísmo nisso, é só uma maneira de perceber como é viciada em ajudar todo mundo e nunca ser ajudada.

CAPÍTULO 15

O salvador (protecionismo)

O heroísmo de pouco vale, a felicidade é mais difícil.
— **Albert Camus**

Se o relacionamento durou algum tempo, é bem natural que tenham construído uma cumplicidade na qual um ajudava o outro a se levantar nos dias difíceis. Normalmente esse lado do relacionamento é o que deixa mais saudade, pois adoramos ter uma testemunha carinhosa das nossas desgraças.

No entanto, também é bem comum que a balança de quem ajuda e é ajudado fique descompensada. Uma parte sente que deu mais de si do que a outra e é na hora do término que se evidencia quem "explorou" e quem foi "explorado".

Ambos se beneficiaram desse jogo de médico e doente, e na hora que o relacionamento quebra a parte doente sempre quer voltar a ser cuidada. Se você se acostumou a esse papel de coitadinha, não vai resistir ao vê-lo bem, forte e aparentemente recuperado:

"Você está mal de grana e sei do seu esforço, quer minha ajuda?"

"Vi que está abatida, sua mãe me contou, o que posso fazer para ajudar?"

"Fale comigo só um pouco, sei que está precisando de mim."

"Vi esse objeto, me lembrei de você e trouxe para dar de presente."

Se você foi sempre acostumada a receber algo positivo dos pais e viveu de forma dependente em todos os sentidos (financeiro, físico, emocional, social), o ciclo será:
- ele está longe;
- você começa a ter abstinência dos cuidados dele;
- deixa algum comentário no Facebook ou Twitter em forma de suspiro ou lamento para que ele ou algum amigo em comum veja;
- ele vem com a oferta irrecusável;
- você resiste e depois cede à "generosidade" dele.

Estratégia: ele se mostrará agradável, forte, seguro e vai oferecer ajuda como nunca fez antes.

Seu ponto fraco: necessidade de ser protegida, cuidada.

Sua reação: ficará impressionada e aceitará a ajuda.

Consequência: ele vai voltar a "cuidar" de você, aos poucos vai começar a limitar seus movimentos e lentamente você será uma propriedade privada da qual ele fará o que bem quiser.

O que deve fazer: resista aos encantos e presentes. Assuma de uma vez por todas que é uma pessoa adulta e capaz de cuidar de si mesma e que não quer um novo pai para você. Controle suas finanças, reabilite sua saúde, cresça emocionalmente e pare de ser tão sugestionável.

Lição de casa

1. Você foi poupada de assumir responsabilidades em sua vida? Seus pais têm o hábito de proteger você dos perigos do mundo?

2. Costuma recorrer à ajuda dos outros com que frequência? Por quais motivos?

3. Sente dificuldade em fazer as coisas sozinha e acaba buscando ajuda dos outros?

4. Costuma se mostrar frágil, doente ou vulnerável para obter a atenção dos outros?

5. Quando seu ex vem ajudar, você se sente especial e protegida?

6. Como poderia começar a fazer por si mesma aquilo que espera dos outros?

7. Passe uma semana sem pedir ajuda e tente resolver seus problemas por conta própria.

CAPÍTULO 16
Cão raivoso (provocação)

> *Usar a raiva para resolver um problema é como pegar um carvão em brasa para jogar na outra pessoa.*
>
> — **Provérbio tibetano**

Um casal disfuncional terá vários momentos em que um cobrará do outro aquilo que deu a mais ou de menos. As brigas nada mais são do que resultados de jogos de poder em que alguém quer assumir o posto de rei e fazer o outro admitir que é menos importante na relação. Normalmente as brigas terminam quando uma parte se submete, mostra fragilidade e é dominada.

Alguns casais até se excitam com brigas e se "resolvem" na cama. Com o tempo esse ciclo de brigas-tesão não funciona mais, o desprazer fica maior que o prazer e ambos saem perdendo.

Com algum tempo de convívio o casal descobre os pontos fracos do outro e as dores resultantes de fracassos pessoais ou traumas passados. Essa artilharia, que era levemente anunciada em brigas corriqueiras, passa a virar uma bomba nuclear quando as tentativas de retorno diminuem.

Muitos pensam de forma bem cruel quando percebem que perderam o controle da situação. Numa tentativa final de sustentar um canal de conexão, apelam para golpes baixos para ter algum tipo miserável de atenção. Aquele que está tentando manter a calma será acusado com flechadas certeiras no orgulho:

"Eu sabia que você me trataria como um desgraçado quando terminássemos, você sempre agiu como uma vadia sem coração."

"Provavelmente você me traiu e vai trair o chifrudo que está com você agora."

"Eu sempre fiz tudo por você e agora você jogou fora porque é uma maldita egoísta, como sua mãe, que te abandonou quando era pequena."

"Quer saber? Eu coloquei um belo par de chifres em você com aquela sua melhor amiga, que é uma galinha como você!"

Esse tipo de ataque vai atingir você e transformar sua docilidade num vulcão emocional. O roteiro será:

- ele está longe;
- ele faz um comentário ácido a seu respeito para uma pessoa em comum;
- você revida indiretamente;
- ele manda um e-mail rebatendo sua acusação e fazendo outras ainda piores;
- você responde e marca para discutir tudo pessoalmente;
- batem boca até alguém meter a mão no outro;
- ameaçam denunciar à polícia ou contar para os pais;
- cada um volta para um canto maquinando novo confronto.

Estratégia: ele vai provocar seu orgulho com agressões (físicas e verbais), acusações, chantagens e ameaças.

Seu ponto fraco: seu orgulho, sentimento de justiça e necessidade de colocar os outros no lugar (revanchismo).

Sua reação: contra-atacar.

Consequência: ficarão num embate sem fim, sempre descendo o nível, até um desfecho desastroso e muitas vezes fatal.

O que deve fazer: ignore, engula o orgulho, não rebata nem argumente, dê uma de surda e deixe-o sair vitorioso.

Lição de casa

1. Você costuma sentir raiva com certa frequência no dia a dia? Quantas vezes sentiu raiva hoje? Quantas vezes reagiu exageradamente?

2. Seus pais foram agressivos na sua educação? Descreva como se sentia.

3. As pessoas têm medo de você pelo seu jeito mais "firme"?

4. Costuma fazer provocações e alfinetar para o seu ex se aproximar de você?

5. Você responde toda vez que recebe uma provocação? Escreva a razão pela qual se sente ofendida.

6. Você costuma se sentir injustiçada, humilhada, e por isso revida? Ele é o dono da imagem que você tem de si mesma? Por que é tão importante convencê-lo de que nada do que ele diz já não está na sua vida?

7. Você tem sido perseguida e ameaçada por ele?

8. Já avisou seus pais e amigos que ele tem perseguido você? Se usou de agressividade, já fez uma denúncia policial?

9. Não reaja às ameaças dele por três semanas. Seja um silêncio só. Segure o seu orgulho.

CAPÍTULO 17
Codependência

Desejar violentamente uma coisa é tornar-se cego para todo o resto.

— Demócrito

Imagino que agora você tenha clareza de uma coisa: um relacionamento é feito de duas pessoas, portanto, tudo que acontece nele tem duas versões da história que se realimentam.

É muito comum ver pessoas se sentindo vítimas de um golpe como se nada tivessem com isso, mas o fato doloroso é que mesmo nos golpes financeiros a vítima foi colaboradora. Ao tentar levar algum tipo de vantagem na situação, agiu como comparsa inconsciente.

Por que é tão difícil saber se você é codependente de alguém? Porque você é parte do problema e está cega para identificar a situação. Mas o sinal da codependência é que sem essa pessoa você tem a sensação de que a vida paralisaria.

Necessitamos do convívio, do apoio, da ajuda, do incentivo dos outros. Afinal, somos conectados numa grande cadeia de ações que tornam o mundo funcional.

Mas o tipo de dependência emocional doentia de que falo é aquele que faz alguém se imobilizar financeira, social e psicologicamente quando o outro não está por perto.

A autonomia num relacionamento é quando mesmo podendo fazer algo sozinho eu escolho fazer acompanhado. E isso acontece na prática, não na teoria. Na realidade, poucas pessoas sabem o que é isso, apesar de acharem que são autônomas.

É como aquela criança que diz se virar bem sem a mãe, mas nunca sai de perto dela para tentar ver se realmente a teoria se sustenta.

Muitos adolescentes se intitulam independentes, mas diante do primeiro aperto correm a buscar refúgio no colo dos pais.

Autonomia vem sempre com uma dose de responsabilidade em poder responder por cada ação sem apontar o dedo para culpados ou comparsas.

Quando uma pessoa apoia seu bem-estar em um único pilar (filhos, família, trabalho, relacionamento amoroso, amigo), não é de estranhar que sua vida entre em colapso quando perde esse apoio.

A real independência emocional acontece quando você aprende a distribuir suas fontes de nutrição psicológica em vários pontos, de tal forma que não fique refém de nenhuma. Sobrecarregar alguém com sua necessidade compulsiva de apego seria até uma forma injusta de buscar amor, é muito peso para uma pessoa só.

Você sabe que é carente quando qualquer coisa que qualquer um oferece será aceita. "Ele não quer um relacionamento sério e eu quero. Não importa, eu fico com ele mesmo assim." Isso é carência.

Com o passar do tempo nem notamos quanto isso pode escravizar nossos pensamentos e criar uma bela ilusão emocional: de que as pessoas e coisas realmente nos pertencem.

A codependência está muito associada à posse e à necessidade de controle.

"Meu filho é a coisa mais importante da minha vida."

Frases desse tipo são tão comuns que nem notamos as armadilhas implicadas nelas.

Quando você afirma "isso é meu", provavelmente será a primeira pessoa aprisionada na afirmação.

Perceba que a liberdade pessoal é lentamente deixada de lado. Silenciosamente começa a roubar da pessoa sua fluidez natural e passa a estabelecer uma relação dominador-dominado sutil, ambos acorrentados na mesma prisão.

"Minha esposa fez tal coisa." Essa frase denuncia certa cegueira. Aquela mulher (livre de papéis) fez tal coisa e por acaso nesse momento um dos papéis que ela assume é o de sua esposa.

Reduzir uma pessoa a um papel que esteja ligado aos nossos desejos costuma nos encaminhar para lugares perigosos.

A estrutura mental por trás disso é que está sendo questionada. Por um motivo simples, os papéis mudam e a felicidade quer ganhar espaços mais arejados.

A codependência cria uma asfixia psicológica que implica os dois participantes. Mesmo quem se mostra dominador está dominado pelo seu desejo de possuir e precisa de alguém que se submeta.

Num relacionamento livre, sem codependência, você exercita um olhar que simplesmente atravessa a pessoa para além dela mesma, das suas carências e necessidades pessoais.

Um relacionamento é essencialmente um espaço aberto para movimentação. É só mais um espaço, não o único espaço nem o melhor. Uma relação pode parecer altamente positiva e saudável, mas pode ser só para uma pessoa, enquanto a outra está agonizando.

CAPÍTULO 18
Por que você se deixa levar pela sedução?

Aquilo que existe de mais vulnerável e, apesar disso, de mais inconquistável é a vaidade humana: de fato, sua força aumenta e pode tornar-se por fim gigantesca quando ela é ferida.

— **Nietzsche**

A pessoa que se submete a um relacionamento ruim ou a uma recaída por conta de sexo talvez precise mergulhar em suas motivações para entender exatamente o que quer para si mesma.

Quando crianças, a maneira com que aprendemos a trocar amor está intimamente ligada ao toque, ao abraço, ao beijo e carícias variadas. Na adolescência, os pais costumam tomar certo distanciamento por conta das mudanças físicas e da chegada da sexualidade. Os pais ficam embaraçados com sua princesinha que cresceu e as mães já não sabem lidar com o garotão que parece meio menino e meio homem.

Essa quebra costuma ser acompanhada da descoberta da sexualidade e de todos os percalços que ela oferece, mas, como pano de fundo, é feita a mesma associação de amor com desejo. No caso das meninas essa crença é reforçada – para os garotos, não. Eles têm livre acesso aos seus desejos sem associá-los forçosamente a algum tipo de sentimento mais profundo.

Na hora da paquera existe uma falta de sincronia afetiva. Eles se sentem mais confortáveis em apenas manifestar seus desejos sem necessariamente mostrar suas vulnerabilidades emocionais. Elas ainda se sentem mais expostas.

De qualquer forma, seja homem ou mulher, o apelo sexual é altamente cativante. Por que não ter um momento de prazer, ainda que não se tenha garantias de continuidade?

Quando não há nenhum tipo de vínculo emocional é mais fácil desassociar sexo de amor, mas, no caso de um ex, qualquer manobra aparentemente ingênua pode ser fatal.

No momento em que propõe uma relação sexual casual, uma das duas partes do ex-casal – aquela que está mais conectada emocionalmente – julga enganosamente que o convite para o sexo é sinônimo de tentativa de retorno.

Do outro lado, a ponta que está mais desprendida pode se valer dessa associação enganosa sexo-amor só para obter o que queria. Aquela criança interior que estava resguardada começa a ganhar voz e cede, "apenas desta vez", ao canto da sereia.

De modo geral o resultado não costuma ser positivo, pois o sumiço posterior abrirá ainda mais a ferida que teimava em cicatrizar.

Se sua necessidade é de se sentir desejada, querida e amada, busque uma maneira realmente confiável e nutritiva para isso, pois ir atrás de alimento psicológico tóxico só fará seu senso de valor pessoal naufragar ainda mais.

CAPÍTULO 19

Por que você se deixa levar pelo vitimismo?

Dê a um homem tudo que ele deseja, e ele, apesar disso, naquele mesmo momento sentirá que esse tudo não é tudo.
— **Immanuel Kant, em conversa com Nikolai Karamzin**

Sabe o que faz você cair no colo do seu ex quando ele se mostra frágil, carente ou doente? O seu senso exagerado de dever, bondade e doação. Talvez o relacionamento de vocês sempre tenha girado em torno de necessidades dele enquanto as suas eram secundárias. Agora que tudo terminou, o ciclo continua e você não consegue se desligar desse papel tão "importante" que tinha.

Muitas pessoas são educadas por mães superprotetoras e por essa razão espelharam seu amor nesse tipo de doação quase cega pelos outros. A compaixão é uma das virtudes mais desejáveis. No entanto, quando ela vem dissociada de sabedoria, pode se tornar uma prisão emocional.

Quantas vezes você já não se flagrou fazendo algo pelos outros sem pensar no que realmente queria? Quantas vezes já não deixou suas necessidades de lado para atender a um capricho de alguém?

A posição de cuidador parece desprendida de interesses, mas sabemos que a natureza humana ainda não consegue deixar a reciprocidade de lado. O ganho invisível da doação é exatamente esse ponto de certa onipotência em relação ao outro. Essa falsa sensação de ser insubstituível pode criar uma dependência psicológica naquele que se mostra sempre caridoso com todos. Esse desejo de beneficiar alguém pode criar uma cegueira que impede o indivíduo de ver a si mesmo como escravo de se sentir necessário. Nossa cultura não vê nenhum mal numa pessoa que se presta a sacrificar seu bem-estar para ajudar e por isso alguém pode passar uma vida toda anulada em favor de alguém.

Eu me lembro de uma senhora que me procurou para atendimento psicológico – ela estava completamente perdida no alto de seus 62 anos. Seus pais tinham morrido recentemente, um após o outro. Ela havia dedicado toda a sua existência para proteger a velhice deles e agora estava sem rumo.

Ela me confessou depois de um tempo de terapia que talvez devesse ter se cuidado mais e vivido sua vida, porém achava que era tarde demais para isso. Além disso, se sentia injusta e egoísta por pensar em si mesma. Foi bem trabalhoso ajudá-la a encontrar o caminho de volta para si mesma.

Essa ideia enganosa de que o amor é doação leva muitas pessoas a confundir carinho e generosidade com submissão. O relacionamento é uma construção de duas pessoas que apostam numa vida comum para que melhorem individualmente e como casal. Se alguém recebe mais do que dá, o relacionamento fica desequilibrado e um deles fatalmente sairá magoado, ainda que negue.

Cada vez que ele tenta receber mais algum benefício e você cede, por culpa ou senso de dever, perpetuará aquele tipo de interação que aparentemente beneficiou alguém, mas em essência prejudicou a ambos. Você continuou com suas necessidades não atendidas e ele permaneceu fechado em seu egoísmo.

CAPÍTULO 20
Por que você se deixa levar pelo protecionismo?

O conceito infantil do amor é: receber presentes dos outros.

— **Carl Gustav Jung**

Sabe aquele tipo de pessoa que parece ser forte, sábia e encantadora, que a convence de que sem ela nada mais seria possível?

Não é raro perceber que a adoração que se tem por um ídolo costuma ser sinal de um tipo de anemia psicológica. É uma apatia de quem sempre se deixou conduzir, permaneceu passiva diante da vida e delegou cada escolha a seus pais, amigos, familiares e colegas de trabalho.

Como sempre foi habituada a seguir os rastros de alguém, desenvolveu pouco a capacidade de tomar decisões e bancar suas consequências. A pessoa que sempre foi protegida numa bolha dos perigos do mundo será alvo em potencial de todo tipo de sedução e presença dominadora. O tipo de parceiro possessivo será o primeiro a começar uma campanha lenta e silenciosa de dominação psicológica que será percebida em longo prazo.

Os pais superprotetores ignoram que os filhos crescerão com o hábito de obedecer cegamente, e o farão nos relacionamentos e com os amigos. Facilmente serão persuadidos pelos outros, já que nunca tiveram a oportunidade de decidir o rumo de suas vidas.

Na hora de fazer escolhas amorosas, o drama não é diferente – o alvo é sempre alguém que pode agir de forma abusiva, espaçosa e crítica.

O homem possessivo sempre se mostra receptivo, gentil, aberto, bem-humorado e carinhoso no começo do relacionamento. No momento em que a vítima percebe, é tarde demais, já está envolvida até o pescoço e não consegue sair daquela emboscada.

Os familiares dela costumam adorar o rapaz, que sempre faz um esforço extra para mostrar quanto a ama e estima. As amigas até a invejam por ela ter um homem tão afetivo por perto, mas não sabem que ele está sempre agindo nas sombras. Quando chega em casa após visitar a família dela, costuma maldizer a tudo e a todos, fazendo com que ela pegue birra das pessoas que ama.

Quando ele está seguro de si (ou sempre inseguro), começa a mostrar a outra face da moeda. Seu amargor, mau humor e indocilidade vêm à tona. Aquela fachada de gentileza dá lugar a uma necessidade de controle sem igual. Cada passo da sua mulher é rastreado, monitorado e vigiado. Ele usa de todos os artifícios para isso, familiares, amigos, enfim, quem puder dar algum tipo de informação que o ajude a manter o controle.

Ele é capaz de privar sua mulher de conviver com as amigas, permanecer muito tempo com a família e de preferência afastá-la de qualquer um que coloque um fio de dúvida no relacionamento deles.

Os mais extremistas rastreiam e-mails, senhas, proíbem Twitter, Facebook, qualquer coisa que coloque os olhos dela para além do seu horizonte restrito.

Como ela sempre se sentiu frágil e foi tratada com regalias, esse tipo de parceiro parece muito bom a olho nu. Mas essa "bondade" é asfixiante – quanto maior a dependência, pior é o caminho de saída do labirinto.

CAPÍTULO 21
Por que você se deixa levar pelas provocações?

Isso é o que acontece quando você fica zangado com as pessoas. Elas passam a fazer parte da sua vida.
— **Garrison Keillor, radialista americano**

Ainda que você negue e jure de pés juntos, existe um prazer secreto em ver o mal do outro. Ao fazer o balancete final do relacionamento, existe uma parte de você que se sentirá raivosa, ressentida e até amargurada.

Nesse momento parece que as virtudes da pessoa desaparecem, o que era bom fica ruim e o que era ruim se torna detestável. Você não consegue pensar em outra coisa a não ser numa dose de revide. Mas como não pode admitir para si mesma que sente todo esse fogo, você vai esperar a ocasião certa para revidar qualquer movimentação do outro lado.

Sua mente maligna vai transformar uma fagulha em explosão completa e nesse momento o ciclo da agressividade será realimentado em desfavor dos dois lados – ninguém sairá ganhando.

Mas isso não será claro para você. Afinal, sua raiva escondida vai saltar a cada foto que ele postar na rede social ou comentário indireto de que souber por meio de um amigo. Sem que perceba, estará alfinetando de volta, querendo dar o troco ou desejando o mal para a vida dele.

Esse é sempre o gancho de um contato desastroso, cheio de brigas, acusações e provocações apelativas dos dois lados. Curiosamente, isso alimentará um interminável ciclo de mal-estar que, enquanto você ceder ao seu instinto perverso, só causará mais dor à sua vida.

Recusar uma provocação não é das tarefas mais fáceis do mundo. Afinal, é seu orgulho pessoal que está em jogo. Se foi educada a não levar desaforo para casa ou se acha que deve lutar para que tudo seja justo, então prepare-se para uma caminhada longa.

Em muitas ocasiões é melhor jogar a toalha, sair por baixo para ter direito à liberdade. Posso garantir que essas migalhas de atenção que recebe nos dias de fúria e que podem vir seguidas de transas excelentes não compensarão uma vida emocional empacada.

Ele sabe onde cutucar você até que chegue ao limite – está em suas mãos a decisão de ser humilhada ou feita de boba. Nada disso é real, mas só um apelo para que siga nesse grau de perturbação.

Assuma que uma parte de você quer se conectar de forma doentia e use essa força para seguir em frente com sua vida.

estratégias de sobrevivência

CAPÍTULO 22
Seguidor implacável: pode virar morte?

> *Vocês nunca fazem nada com ele. Falam com ele, depois vão embora.*
> — **Nicole, assassinada por O. J. Simpson, seu marido**

Vivemos numa sociedade que recompensa os atos de amor como se eles tivessem justificativa para tudo. Por exemplo, o sujeito que entra na empresa em que a garota trabalha para fazer uma declaração apaixonada ou aquele que invade sua privacidade para descobrir nome, sobrenome, endereço e número de telefone até chegar bem perto da mulher amada.

Não se deixe enganar; Romeu e Julieta não deviam bater bem da cabeça por se matarem em nome do amor. Desde essa loucura das famílias Montequio e Capuleto que atos de paixão insana são vistos com certa condescendência por parte de todos.

Nos filmes, livros e novelas parece muito bonito imaginar que um homem ou uma mulher persigam com tanta dedicação aquela pessoa eleita para uma vida a dois. Mesmo que uma das partes não queira, acreditamos que não custa tentar, insistir e lutar por aquilo em que se acredita.

Conheço muitas mulheres que se deixaram vencer pelo cansaço e permitiram que homens persistentes e invasivos se aproximassem a tal ponto que nunca mais saíram de suas vidas.

Eles já davam sinais claros de desequilíbrio, mas, como tudo era feito em nome do "amor", não parecia nada grave ou exagerado. Só depois que o tempo passa e vêm a agressão, a ameaça e o crime é que todos falam que o sujeito já era estranho e exagerado.

Os grandes jornais já noticiaram casos de crimes passionais de pessoas que se acharam legitimadas pelo amor para matar, agredir e humilhar. Curiosamente, os tribunais têm atenuantes nesses casos, como se o sujeito fosse acometido por uma cegueira temporária que o fizesse sair completamente do controle – no entanto, isso não é completamente verdade, pois normalmente já havia um padrão anterior de comportamento que caracterizava um relacionamento conturbado.

Sempre que ouço alguém falar de algum relacionamento que acabou desastrosamente (há dias, semanas, meses e anos) e ainda não foi superado eu penso: o que levou essa pessoa a não superar o término do relacionamento depois de tanto tempo?

A maioria responde que é amor, mas até que ponto é possível atribuir a um sentimento positivo e de crescimento pessoal os atos de pessoas obcecadas a tal ponto que só pensam e falam naquilo?

Não é amor quando alguém fala do ciúme corrosivo do parceiro ou daquela necessidade de vasculhar cada centímetro da vida da pessoa, mas obsessão patológica. É difícil ver uma pessoa com esse tipo de comportamento, pois ela mesma não se reconhece obcecada pelo seu objeto de adoração. O personagem Gollum, da saga *O Senhor dos Anéis*, mostra uma pessoa que fica possuída pelo poder de um anel mágico e vai lentamente definhando até o ponto de se deformar completamente.

O problema é que algumas pessoas se paralisam nesse pensamento repetitivo e não conseguem seguir em frente. A própria pessoa admite que não consegue (ou não quer) esquecer e alega que o problema real foi o impacto do término sobre sua vida, mas é a obsessão o seu verdadeiro problema.

Não é incomum verificar nesses casos uma propensão a cometer crimes e fazer loucuras. E normalmente é muito difícil acreditar que um perigo real esteja por vir, já que é preferível ignorar ou achar que estamos loucos.

O ditado que diz que cachorro que late não morde nem sempre é verdadeiro: entre humanos, a pessoa que ameaça muitas vezes está só a um passo de executar um crime.

Se você já foi ameaçada, sentiu aquele frio na espinha e resolveu ignorar seus pressentimentos, comece a levar suas sensações a sério.

O autor Gavin de Becker, especialista em ajudar pessoas públicas a lidar com pessoas e ameaças perigosas, oferece em seu livro *As virtudes do medo* (1999) algumas dicas valiosas para lidar com uma ameaça.

Segundo o autor:

> *A ameaça é uma declaração de intenção de causar um dano e ponto final. Ela não oferece condições, alternativas ou saídas. Ela não contém as palavras se, ou então, até que, se não. Frases que contêm essas palavras não são ameaças, são intimidações. E existe aí uma grande diferença. Intimidações são declarações de condições a serem satisfeitas para evitar um dano. Por exemplo: "Toco fogo nesse prédio se não conseguir a promoção" é uma intimidação, não uma ameaça, porque foi oferecida uma condição para evitar o dano (...). As ameaças raramente são feitas de uma posição de poder. Seja qual for o poder que elas tiverem, ele se origina do medo infundido na vítima, pois o medo é a moeda corrente do ameaçador. Ele ganha uma vantagem com a sua incerteza, mas, uma vez pronunciadas as palavras, terá que recuar ou avançar, e, como todo mundo, ele espera manter a dignidade de uma forma ou de outra.*
>
> *A forma como se reage a uma ameaça determina se ela é um instrumento útil ou meras palavras. Portanto, é o ouvinte e não quem fala que decide a força da ameaça. Se o ouvinte ficar pálido, começar a tremer e a pedir perdão, ele transformou em ouro a ameaça ou a intimidação. Inversamente, se ele não se alterar, elas nada valerão. (p. 130 e 132)*

O autor usa um método para prever ataques:

Justificativa percebida
A pessoa tem uma razão para agredir? Ela está convicta de seu motivo pessoal? Ela se sente ofendida, agredida ou humilhada?

Alternativas percebidas
O potencial agressor se vê com alternativas? Ou acha que a violência é a única forma que pode resolver a situação?

Se a única alternativa que o sujeito vê é reatar o relacionamento, mas não consegue isso, então a agressão é vista como única opção.

Consequência percebida
O ameaçador percebe as consequências do uso da violência ou imagina que ficará impune?

Se a consequência da agressão é vista como positiva e legitimadora de força, então a violência é possível.

Capacidade percebida
A pessoa acredita que tem condições reais para agredir, bater, atirar ou infligir dor.

CAPÍTULO 23

Como sustentar o silêncio?

Todas as maneiras de abreviar o tempo não poupam.
— **Madame de Staël, ensaísta francesa**

"Não consigo deixar de atender!", me confessou uma garota ao receber o telefonema de um ex durante uma sessão de terapia.

Para algumas pessoas parece uma tortura silenciar diante de qualquer espécie de apelo do ex, mas mesmo o seu relacionamento precisa ser construído com calma. No caso específico de um ex que ainda quer obter algum tipo de benefício da sua raiva, carência ou necessidade cuidadora, a melhor maneira de interromper esse ciclo é deixar de dar força às suas estratégias.

Sem plateia o palhaço não faz graça; o mesmo vale para seu ex. Como ele vai tentar seduzir você se não sabe seu paradeiro, com quem fala e o que pensa? Como vai tentar provocar uma briga se já não sabe o que a irrita ou desconforta? Como vai evocar o seu lado supermãe se não tiver possibilidade de se mostrar frágil? Como tentará salvar sua vida se você não der provas de vulnerabilidade?

Sem os ganchos habituais, qualquer jogo de força é inútil e a única blindagem realmente efetiva é a do seu lado, o de dentro.

Telefones, e-mails, recados indiretos, familiares, amigos e colegas de trabalho serão os meios favoritos para acessar você.

O que os olhos não veem o coração não sente, portanto, corte a porta de entrada de informações.

Converse com seus amigos e faça um pedido honesto: "Você sabe que está sendo difícil para eu me desligar de fulano, eu própria estou confusa e fragilizada, então me ajude a não recair. Muitas vezes eu ficarei tentada a recuar, retornar e ceder. Algumas vezes usarei você como aliada, mas não atenda meus pedidos, mesmo que eu implore. Evite falar comigo sobre o assunto, não faça menções, não me diga se o viu ou se conversou com ele. Não me passe recados ou indiretas, me proteja de mim mesma nessa hora, pelo meu bem, ainda que fique com medo de eu agir mal com você".

Parece coisa de viciado? Talvez.

Família

Sua família pode não ter a menor consciência de que esse rompimento está numa fase delicada de desapego. Talvez porque você não tenha deixado ninguém testemunhar o grau de loucura a que a relação chegou e por esse motivo eles tentam facilitar algum tipo de reconciliação. Nessa hora é fundamental contar o que aconteceu.

Lembro-me de uma garota que rompeu um relacionamento bem problemático, mas que aos olhos dos pais parecia perfeito. Ela se debateu muito para terminar, exatamente porque imaginava a reação negativa dos pais.

Quando deu a notícia, sua previsão foi confirmada: ambos discorreram sobre as virtudes do noivo e de como seu futuro seria lindo ao lado dele. Ela resistiu a contar tudo que estava acontecendo, até que, cansada de tanta pressão para voltar, revelou aos pais, que ficaram estarrecidos: "Ele me deu um tapa na cara e me xingou de vagabunda só porque saí com minha amiga para almoçar e não o avisei".

Depois dessa informação, ela sabia que o caminho era sem volta e os pais jamais a perdoariam se reatasse com ele.

O medo comum que algumas pessoas têm de contar aos pais é exatamente esse, pois querem deixar a porta entreaberta para um possível retorno. É como se uma dose de esperança pudesse ser mantida se os segredos obscuros fossem guardados. O problema é exatamente esse: enquanto ninguém sabe do conflito, a chance de uma ajuda ou intervenção é menor.

Depois de contar, peça aos familiares que colaborem do mesmo jeito que os amigos, sem notícias, sem pontes ou interferências aparentemente benéficas.

Virtual

Em tempos em que tudo está registrado virtualmente nas redes sociais, é bem natural que a loucura também seja esparramada nessa direção – a pessoa obcecada irá vasculhar o paradeiro da pessoa "amada".

O Facebook e o Instagram são os alvos principais e é importante estar muito atenta para tudo que for postado nesse sentido, seja na sua página ou na de seus amigos.

Minha recomendação: saia de órbita por algum tempo. Quanto tempo? O suficiente para não ver nem sinal de fumaça do outro lado. Pode parecer radical, mas não podemos subestimar a capacidade de alguém acessar sua vida.

Já ouvi relatos de pessoas que conseguiram localizar o paradeiro do amigo do amigo via Instagram. Esse tipo de dor de cabeça é resultado de um relacionamento que já estava doentio e assim segue depois do término.

Muitas confusões acontecem como efeito cascata da tentativa de dar indiretas ou alfinetar. O melhor a fazer é bloquear a pessoa e alguns amigos em comum que podem oferecer acesso à sua página pessoal.

Novamente isso pode soar extremista, mas nada é definitivo. Se depois de um tempo ainda fizer sentido manter esses contatos, é bem honesto revelar o que aconteceu: "Fulano, sei que me afastei completamente de tudo que dizia respeito ao meu ex, e você entrou nessa lista; precisei me proteger de lembranças e associações. Agora está tudo bem e a vida segue, por isso estou pedindo a sua amizade virtual de novo".

Você com você

O mais difícil de tudo é silenciar suas próprias inquietações. Somos acostumados a reagir a qualquer estímulo e de forma geral ninguém nos educa a contar até 10 antes de agir. Desta vez será seu teste definitivo.

Você pode acreditar, a habilidade de tomar posse de suas ações e ser proativa será um dos maiores benefícios depois que você sobreviver a esse término de relacionamento.

Normalmente você é capaz de dar algumas desculpas para agir como age e reagir sem pensar. Talvez alegue ter a personalidade difícil ou ser muito ansiosa, mas não apagará as consequências de longo prazo de um comportamento impensado.

Já se flagrou querendo bater a cabeça na parede por ter agido impulsivamente e feito algo de que se arrependeu? Lembre-se de como se sentiu boba, estranha, envergonhada e teve de lidar com dor de cabeça depois.

Repare que a cada atitude impensada são acrescentadas algumas camadas de confusão numa história que já é conturbada. Mais dor é somada à pilha de desassossego ao retroceder na sua decisão pelo fim ou insistir na inconformação com o final.

Deixar uma ferida cicatrizar é difícil e você precisa lidar com uma mudança pessoal trabalhosa.

Passo 1 — Não reagir

Parece fácil simplesmente não fazer nada, mas nossa mente é acostumada a encontrar uma solução perante algo que surge diante dos olhos.

Seu impulso em falar, responder, palpitar, aconselhar ou se mover parece ser irresistível quando ele desaparece ou não dá notícias. Imediatamente sua mente é colocada em alerta como um cão farejador e imagina que deve investigar ou procurar alguma informação.

Mas a verdade é que você não precisa reagir sempre, nem em termos de comportamento nem mentalmente.

Passo 2 — Relaxar

O esforço inicial de relaxar será compensado por certa calma. Fisicamente você pode fazer esse esforço se espreguiçando, sentando confortavelmente e se desobrigando de salvar o mundo.

Nesse momento vale respirar profundamente, deixar cada parte do seu corpo sem nenhuma tensão e até buscar uma posição agradável, seja deitada ou sentada. Esse estado físico por si só induz sua mente a acompanhar o ritmo. Estipule pelo menos um prazo mínimo para esse relaxamento, cinco ou dez minutos, só para poder incorporar os benefícios.

Passo 3 — Esperar

Sim, essa pequena tortura é valiosa, principalmente em se tratando de término de relacionamento.

Acho que já deve estar claro para você que o controle já saiu de sua mão faz tempo, então, por mais que se sinta impelida a reagir, isso será resultado de um impulso irracional.

Deixar que os dias transcorram é parte essencial da estratégia do silêncio.

Passo 4 — Contemplar

Não é o mesmo que o cachorro faz diante da máquina de frango assado. Nesse lugar de contemplação estamos como observadores atentos da realidade que nos cerca.

É como se fôssemos turistas diante de novidades com olhar admirado, tranquilo e respeitoso. Da mesma maneira você pode olhar para seu momento atual com esse interesse não invasivo, contemplando sem subtrair nem somar algo de novo.

Passo 5 — Oferecer
Nada mais apaziguador do que se colocar à disposição para beneficiar os outros. Silenciar sozinho não é fácil e ajuda se você usar sua cabeça para se engajar numa causa útil.

Passo 6 — Recontrução
O determinante é colocar algo no lugar que auxilie a dar seguimento em sua vida. Não basta cortar relações se você vai sonhar acordada ou alimentar uma fossa interminável.

Não quero dizer que tenha que cair numa micareta e beijar todo mundo, mas retomar o fôlego da vida. Nesse processo de reconstrução, lembre-se de que deve pensar com carinho em tudo que traz significado real para sua vida e definir aquilo que fica ou que vai. Planeje com atenção e pratique com empenho.

CAPÍTULO 24

Como sobreviver a um momento de surto?

> *Toda forma de pressa, mesmo que voltada para o bem, trai alguma desordem mental.*
>
> **— Cioran, escritor romeno**

O tempo todo estamos passando por quebras de realidade, internas e externas, seja conquistando o que queremos ou perdendo algo importante. Alguém que consegue o cargo dos sonhos precisa gerenciar essa subida para não se perder em autoimagens enganosas de poder sem limites, do mesmo jeito que uma morte inesperada também remete a muitas quebras de paradigmas.

Chamamos isso de surto; eu prefiro chamar de crise.

Cada decisão é uma manobra delicada que muitos negligenciam ou subestimam e, como consequência, na hora de uma eventual ruptura na rotina acabam usando mecanismos que adiam, retardam ou prejudicam ainda mais seu ecossistema de relações pessoais.

Apresento agora alguns métodos favoritos que reforçam crises e dificultam a comunicação e a resolução de conflitos.

Reclamar: *modus operandi* preferido de quem se acha vítima das circunstâncias e superior a todos sem ter feito nenhum prodígio especial.

Brigar: a raiva é um sentimento que causa distração, pois parece que dá força e nos coloca por cima. No entanto, a tristeza subjacente permanecerá lá, carente de atenção, enquanto você passa meses quebrando o pau com alguém com quem, no fundo, queria ter real intimidade.

Fugir: não responder com honestidade quando questionado, desaparecer sem dar explicações, cair na bebedeira sem fim, devastar a vida de alguém com sua ausência ou silêncio e adiar interminavelmente uma tarefa são condutas que algumas pessoas adotam para "resolver" o problema.

Acusar: esse é o método favorito daqueles que mal analisam um assunto e disparam pedradas em forma de contra-ataques sem sentido e réplicas ressentidas.

Justificar: na tentativa de manter uma imagem cheia de pose em que no final saia por cima, o indivíduo acaba distorcendo e falseando a realidade, aproveitando para fazer o interlocutor se sentir culpado. Ele sempre tem uma explicação ou teoria que justifique sua mediocridade.

Fechar-se: fazer birra, cara feia, dar um gelo no outro, não dialogar e coisas do gênero são suas ferramentas para impedir que o outro dê a notícia dolorosa. Prato cheio para permanecer isolado para sempre.

Negar: se você fechar os olhos, a dívida não vai ser paga, o trabalho não andará sozinho e as pessoas não o amarão por inércia. Nada será mudado se você evitar olhar a conta bancária, deixar de perguntar como o amigo distante está ou não investigar as razões da própria infelicidade. Método preferido de quem espera milagres.

Para sair do surto

Agora sugiro caminhos que podem efetivamente levar mais longe, apesar de serem mais trabalhosos e desgastantes.

Pensar no problema seriamente: tenha claro qual é o problema – a maior parte das decisões equivocadas parte de uma definição imprecisa ou enganosa do ponto central.

Analisar onde é sua área de influência e o que está fora do seu alcance: não adianta você querer resolver sozinha o problema da fome na África. Pense realmente onde você pode agir, onde é área de influência real e onde sua ação é inútil. Você pode mudar só o que quer e sente e não as outras pessoas (ou situações além do seu alcance). Lembre-se sempre disso: se você pode fazer algo com aquilo, faça – se não pode, não se ocupe disso e concentre-se no que pode fazer.

Criar um plano coerente: não adianta sair feito uma louca na hora de resolver um problema sério – você precisa seguir uma linha mestra que irá orientá-la do começo ao fim. Um plano que terá muitas etapas sem solução imediata, mas que serão chaves para atingir a grande meta.

Produzir algo criativo: ficar passiva não muda nada. O que muda é algo que você produza de novo, inesperado, seja uma ideia, um produto ou uma inspiração. Mão na massa.

Perguntar para um leigo: alguém que já enfrentou um problema como o seu pode facilitar os caminhos. Nesse caso, perguntar é essencial para sair do atoleiro, pois se suas certezas e convicções fossem adequadas, você não teria criado o problema para o qual supõe ter a resposta. Na vida real, o MacGyver não existe.

Verificar onde você própria alimenta esse problema: em grande parte dos casos, a pessoa que perpetua um problema é o próprio problemático. Pense onde você é a própria pedra no seu sapato e onde seu orgulho ou egoísmo podem estar atravancando a solução dos problemas.

Criar uma força-tarefa: você provavelmente não conseguirá fazer tudo sozinha, então peça ajuda. Uma mente coletiva é melhor do que só a sua.

Ajudar alguém até encontrar uma solução: muitas vezes, quando não sabemos por onde começar, é interessante colocar a cabeça fora do problema sem ignorar o próprio problema. Ponha a cabeça para funcionar em outra área e ajude alguém que precisa de um socorro parecido. A generosidade instiga o cérebro criativo e indiretamente você pode ficar mais estimulada quando tiver que olhar para o seu drama pessoal.

Procurar ajuda profissional: nunca vi o Google resolver questões mais sérias que uma espinha. Quando nos deparamos com questões maiores é necessário procurar ajuda. Um advogado para problemas jurídicos, um psicólogo para questões amorosas e emocionais, nutricionista para dramas com a balança e, nas finanças, um consultor financeiro. Ter um guia imparcial economiza tempo.

Enfim, se você só tiver um martelo nas mãos, todo problema será um prego. Se tentar desenvolver ferramentas internas com recursos emocionais mais sofisticados, então poderá dizer que está amadurecendo. Caso contrário, só estará reencenando a mesma trama com personagens diferentes.

Crises são oportunidades para redescoberta de novos caminhos. Não deixe que elas passem como se nada tivesse acontecido. Pegue-as nas mãos como um mestre que traz uma sabedoria oculta que desafia sua imaturidade. Só assim elas efetivamente poderão cumprir o seu papel.

CAPÍTULO 25
Por que ele não me explica o motivo?

As palavras pertencem metade a quem fala, metade a quem ouve.

— **Montaigne, filósofo e político francês**

A pergunta mais frequente que ouço é essa. Muitas pessoas não conseguem entender os motivos do término e passam muito tempo completamente obcecadas para achar uma razão plausível para o fim.

Lembro-me de uma jovem que falava aos prantos que não conseguia seguir em frente porque não sabia se tinha significado alguma coisa na vida do ex. Ele a abandonou subitamente depois de um relacionamento a distância de quase nove meses. Ela queria uma explicação para deixar seu coração dormir em paz.

Eu só pude testemunhar sua inconformação e dizer a ela que mesmo sem dar explicações ele já tinha respondido à pergunta. Ela significava alguém que poderia ser abandonada sem nenhum motivo aparente. Ela replicou dizendo que se soubesse o motivo pelo menos poderia se conformar. Depois de uma longa conversa, eu falei que para qualquer resposta que ele desse ela encontraria um motivo para querer saber ainda mais detalhes e tentaria distorcer o que foi dito para pescar alguma isca de esperança para si mesma. O recado concreto dele era claro: não há retorno.

Tentativa de controlar

Ao encarar que uma história acabou, apelamos à racionalidade para entender motivações contraditórias. De alguma forma imaginamos que a razão poderia fazer o tempo voltar e que naquela realidade paralela tudo pode ser consertado.

Qualquer forma de reverter o quadro é só mais uma tentativa de sustentar o controle sobre a pessoa, e provavelmente foi esse congelamento psicológico que precipitou o término. Lutar por uma repescagem pode ser ainda pior.

Dificuldade de aceitar o fim

A busca por explicações também traduz uma tentativa de substituir um luto doloroso.

Quantas vezes você já não presenciou alguém que perdeu um ente querido e mergulhou em perseguir razões sociais, políticas e patológicas para aplacar seu desespero? Muitos culpam os médicos e o governo pelas más condições de saúde, por uma doença traiçoeira, e assim seguem durante anos, inconformados, brigando com um motivo real ou imaginário e se protegendo do fato inegável do fim.

Nenhum tipo de explicação lógica consegue remediar a dor sentida pela quebra de expectativas amorosas. Embora o motivo seja bem localizado, nenhuma manobra mágica dilui a dor.

Medo de encarar a realidade

Quando alguém se engaja num relacionamento, nem sempre se dá conta dos destroços que deixou no meio do caminho. Muitas pessoas entram em relacionamentos para curar pendências pessoais que só ficam camufladas pela fase da paixão.

Diante do término amoroso terão que voltar a encarar a família desajustada, o problema de personalidade, o emprego indesejável ou uma vida sem sabor. A busca implacável pela verdade sobre o fim é um tapa-buraco relativamente eficiente para distrair qualquer pessoa de si mesma. Principalmente se os motivos forem obscuros, ela pode ficar o resto da vida alegando que não conseguiu fechar um ciclo de sua vida.

Encarar a rejeição

Além da própria vida, a pessoa precisa encarar que nada é insubstituível e ninguém está preso a ninguém indefinidamente. Olhar para o espelho e se perceber menos interessante do que imaginava não é muito agradável.

Conheci uma garota que criou uma teoria da conspiração para explicar o motivo do término. Alegava a interferência da sogra, o incômodo do filho do primeiro casamento do parceiro e até sua condição financeira. Mesmo com todo tipo de razão, ela não conseguia encarar que seu temperamento grosseiro afastava todas as pessoas de sua vida.

Foi bem trabalhoso ajudá-la a redirecionar sua reflexão para o verdadeiro foco – ela se achava vítima de injustiça e queria retratação. Quando encarou seu fantasma, lentamente conseguiu parar de alimentar a raiva e cuidou de várias necessidades profundas não atendidas.

Não há um motivo claro

A maneira simplista com que fomos orientados a entender o comportamento humano é uma das fontes de inconformação.

Queremos algum tipo de resposta única para um tipo de interação complexa. Se alguém é perguntado se gosta de comida italiana ou japonesa, pode responder que gosta das duas, de nenhuma ou de apenas uma. Cada comida atende a um paladar, mas uma história de casal cheia de variáveis não começou ou terminou por causa de um motivo isolado.

Se você acha que ele se encantou por uma única característica sua, está enganada – foi um conjunto de motivos que levou a relação a ser construída. Quando ela vai se dissolvendo, não notamos as rachaduras. Seria um pouco ingênuo apontar uma causa isolada e se apegar a ela como a resposta definitiva.

De modo geral as pessoas não têm clareza de suas motivações mais profundas. A probabilidade de o motivo envolver questões mais superficiais é grande. Quanto mais imatura é uma pessoa, mais inconsistente ela é, ou seja, procurar uma grande teoria será tão inútil quanto perturbador.

CAPÍTULO 26
Como identificar um cafajeste

O ser humano é cego para os próprios defeitos. Jamais um vilão do cinema mudo proclamou-se vilão. Nem o idiota se diz idiota. Os defeitos existem dentro de nós, ativos e militantes, mas inconfessos. Nunca vi um sujeito vir à boca de cena e anunciar, de testa erguida: "Senhoras e senhores, eu sou um canalha".

— **Nelson Rodrigues**

É importante você entender com que tipo de pessoa está se envolvendo e ter um crivo quase definitivo para diferenciar um homem de verdade – que quer algo mais sério – de um cafajeste (ou que age como tal).

Tempo

Há um ditado que diz que você não conhece uma pessoa até comer um saco de sal com ela. Na prática, quer dizer que deve demorar tempo suficiente para saber se o cara está levando a vida a sério ou na brincadeira. Não há problema se a pessoa viver uma vida de solteira, desde que não arraste alguém para uma ilusão sem fim.

No quesito tempo e longevidade, o cafajeste tem nota zero do ponto de vista quantitativo e qualitativo. Ele passa menos tempo com você do que o desejável. Normalmente é inconstante, aparece em horários impróprios, impõe o ritmo e a deixa refém de aparições fantasmagóricas. Você nunca sabe quando nem como ele volta. Estar ao seu lado parece uma britadeira social, ele nunca para nem se concentra em você, atende telefone para todo mundo, mexe no celular, combina mil baladas, passeios e viagens em que raramente você está incluída. Ele é disperso e parece que tem sempre uma pressa chata depois que transa.

Homem de verdade é como vinho bom: fica melhor com o passar do tempo. A maneira de se aproximar e permanecer por perto faz toda a diferença. Sabe priorizar os momentos a dois sem deixar nada nem ninguém atrapalhar aqueles instantes sagrados. Sabe organizar sua agenda para que você tenha ampla participação e não fique em décimo plano depois da família, dos amigos, do trabalho, do cachorro etc.

Constância

Nada mais angustiante do que estar num relacionamento de altos e baixos que parece carteira de universitário – você nunca sabe se vai encontrar uma coisa lá dentro.

Os cafajestes fazem você ter essa sensação de surpresa nociva o tempo todo, e quando você acha que não pode ser pior, piora. Cada nova descoberta daquele sujeito é uma catástrofe que a faz ficar mais submetida a coisas ruins até deixar sua autoestima no pé.

Homens de verdade são como bons levantadores de vôlei: deixam a bola pronta para você cortar no campo adversário. Você sabe como se organizar emocionalmente e sente que o fim de semana será um bom momento de divertimento, leveza e crescimento ao lado dele. Você se sente mais bonita não porque ele fica se exibindo, mas porque ele adora exaltar com honestidade quão significativa e importante você é na vida dele. Ele não dá brechas para dúvidas e está sempre por perto nos dias difíceis, a tal ponto que você se pergunta: "Como eu vivi até hoje sem tê-lo encontrado?".

Presença

Há pessoas que estão por perto e pesam mais que velório de bandido. Portanto, o que define a real presença de alguém na sua vida não é necessariamente estar por perto, mas ter qualidade de presença.

O cafajeste é especialista em estar em vinte lugares ao mesmo tempo e em nenhum. Ele quer engolir o mundo de uma vez só e por isso o namoro ou o casamento são torturas sem fim na opinião dele. Quando pensa em ficar com alguém, ele fala que vai se "amarrar" numa mulher. A metáfora não é nada feliz.

Os compromissos solitários vêm sempre em primeiro lugar e os seus são obra do acaso. As datas significativas são ótimas para identificar o cafajeste, pois raramente ele será visto no seu aniversário em família, no Natal, ano-novo, feriado prolongado, Carnaval, Dia dos Namorados e algum velório. Qualquer coisa que se pareça com "estar entrando na sua vida" é sinal de perigo, ele cai fora.

Homens de verdade, quando encontram o lugar seguro de seus corações, desfazem as malas, armam a barraca, desaceleram na agenda e olham nos seus olhos sem fugir na hora em que você finalmente revela: "Eu te amo". Ele guarda as armas e para a caça – a única coisa que realmente interessa agora é o que fazer para a vida andar em paralelo com a sua. Ele pensa no futuro e age no presente para que esse horizonte se solidifique. Não há hesitação ou decisões afobadas quando você está ao lado dele.

Generosidade

Nada mais afrodisíaco que a capacidade de uma pessoa considerar a outra na hora de tomar uma decisão, seja pedindo opinião ao fazer uma compra, seja conversando a respeito de algo mais sério, como ter filhos.

Os cafajestes são meninos emocionais, não sabem que existem vidas reais para além dos seus umbigos gulosos. Ele é um buraco negro psicológico, rouba a luz de quem está por perto e nem se constrange se você foi afetada negativamente por uma atitude dele.

O que importa é o que ele quer e mais nada. Um pedido de desculpas é raro e pequenas gentilezas só acontecem até a hora em que ele transa com você. Depois que goza, o esforço em fazer você gozar é só para reafirmar o ego megalomaníaco de um menino que deseja aparecer bem na foto, mas nunca acompanhado.

O homem de verdade tem um tipo de vida psicologicamente rica, de maneira que não fica brigando pelo melhor pedaço de pizza, não faz questão de sentar no lugar privilegiado da mesa e não domina a conversa para contar vantagens. Ele pode fazer a dama que tem ao seu lado brilhar e alegrar o ambiente sem se sentir obscurecido ou diminuído.

A generosidade mais alta é daquele que alcança o sucesso emocional e deixa os outros partilharem a felicidade com ele sem cobranças, mesquinharias e posses desnecessárias. Ele estende o tapete para os demais porque sobra pano em seu coração expansivo. Não tem medo de ceder espaço na agenda e na vida porque é tão vívido e criativo que tem lugar para entrar numa relação e continuar sendo feliz.

Consistência

Esse é o crivo mais importante de todos. Se os demais falharem, use esse.

Os cafajestes não conseguem alinhar o que falam, pensam, sentem e fazem. Por isso, eles se aproveitam desse tipo de variabilidade para falar coisas que não condizem com suas atitudes.

Se ele diz que gosta de você, mas não demonstra, desconfie.

Se ele diz que tem planos com você e não tem um passo a passo, é só enrolação.

Se ele diz que pensa em você o tempo todo, mas não liga, não manda e-mail, não aparece na sua casa e não dá sinal de fumaça, é só um delírio dele. Não fique com um maluco.

Homem de verdade, apesar de entender que nem sempre somos previsíveis e lineares, consegue sustentar uma coerência em sua incoerência. Assume seus medos, enfrenta os desafios e vai avançando na escalada do relacionamento conforme o curso natural de uma vida a dois. Ele fala o que pensa, age conforme promete, e o que sente por você fica explícito na sua cara, ninguém pode negar.

Dica de ouro para aquelas que duvidam que existam homens de verdade: eles só são encontrados por mulheres de verdade, que não gastam seu tempo com cafajestes.

CAPÍTULO 27
Como identificar a personalidade obsessiva

> Ninguém é mais obstinado do que o sujeito que é portador de um erro colossal. O ser humano acredita mais nos seus equívocos do que nas suas verdades.
>
> — **Nelson Rodrigues**

Ela lê as resenhas da novela só para saber o que vai acontecer no capítulo de hoje.
Ele gosta de planejar cada passo dado nos próximos seis meses.
Ela quer saber exatamente o que ele fez e com quem falou.
Ele está pouco ligando para as regras e para o que os outros dizem.

O que essas quatro atitudes podem revelar de uma pessoa? Segundo a psicanálise, elas podem ser indícios de uma pessoa com caráter anal, alguém que tem a sua libido fixada em estágios pré--edípicos e que tem um alvo básico na vida: controlar cada passo do que lhe acontece para evitar lidar com impulsos inconscientes perturbadores.

O termo *anal* se refere à época em que a criança precisa ser educada a controlar os esfíncteres e é submetida a uma interrupção no seu prazer natural de defecar. Para isso, precisa aprender duas tarefas: reter as fezes e expeli-las no momento adequado, segundo regras e ocasiões específicas.

É nessa fase, ainda segundo a psicanálise, que a criança desenvolve o senso de dever, obrigação, controle e checagem (inclusive das fezes) de tal forma que essas habilidades se estendem para outras áreas da vida até a fase adulta. Algumas pessoas atravessam esse período de forma saudável, mas outras retêm impressões estranhas, ruins e guardam consigo (sem saber) resquícios da má elaboração dessa fase.

O que é?

A neurose obsessiva é um tipo de comportamento de checagem, perfeccionismo, ordem e busca de uma vida regrada e virtuosa ou, em outros casos – na antítese suja –, pecaminosa, proibida e fora das regras.

A literatura psicanalítica oferece muitas contribuições para o tipo de pessoa que tem fascinação por manter a ordem e se torna excessivamente formal; tem tendência a ser comedida, chegando a ser avarenta e até obstinada, atitudes que se transformam em rebeldia esbravejante.

Valores rígidos

Essas pessoas têm necessidade de um mundo equilibrado, calculado, justo e sem nada fora do lugar. Em seus sonhos mais recônditos anseiam por não ver nada desagradável e por isso gostam de tomar as rédeas de cada detalhe em suas vidas. Esse padrão de exigência faz com que não deleguem nada, por acreditar no inconfessável absurdo de que ninguém mais poderia fazer o que fazem tão bem. O mais importante para elas é preservar o direito de decisão.

Esse tipo de pessoa convive com a ideia de que os outros têm uma intenção velada ou até usurpadora e por isso acaba sendo desconfiado e até um pouco paranoico com as ações alheias.

A pessoa raivosa em grande parte vive esse tipo de busca incessante em corrigir o mundo e por isso se estressa e se indigna ao tentar fazer com que todas as pessoas ajam educadamente. O problema é que seu senso de retidão é tão rígido e implacável que o resultado é sempre uma explosão desmedida diante de mínimos acontecimentos que para outras pessoas passariam despercebidos.

Racionalizar

A tentativa de compreender racionalmente todas as camadas da realidade é um objetivo constante e certamente perturba suas relações. Afinal, demonstra certa frieza pessoal quando o assunto é emocional. O seu prazer no campo da imaginação costuma superar a própria satisfação na execução – a expectativa da festa é melhor do que a própria festa.

Sentimentos, afetos, impulsos e desejos são "coisas ameaçadoras", por isso, ele evita qualquer tipo de surpresa ou situação imprevista, para que não seja flagrado em demonstração de emotividade e vulnerabilidade.

Acumulação

Dinheiro e conhecimento usualmente são temas favoritos. Gosta de guardar e empilhar cada nota ou informação em um monte cada vez mais seguro para si mesmo e para seu futuro. Certa mesquinhez na hora de dar algo de si costuma estar presente em suas atitudes. Sem que perceba, está contabilizando a recíproca da atitude alheia ou pondo na balança se recebe na mesma medida que dá. Gosta de estar "quite" com os outros e nunca em dívida. Cada centavo é matéria de interesse em sua vida, chega a ser minucioso e detalhista, evitando o desperdício de coisas e ações.

Manias

Não é incomum um obsessivo fazer listas e registros de cada coisa que realizará, já que gosta de formular pequenos métodos e teorias sobre tudo.

Pequenas manias costumam estar presentes, como dividir a comida em porções ou deixar o melhor para o fim. De forma geral, gosta de criar métodos e processos para garantir, sem que o saiba, uma sensação de que tudo está em ordem. Como não gosta de perder tempo com nada, adora fazer mil coisas ao mesmo tempo para ter aquela sensação de utilidade e nobreza de caráter.

Por conta da teimosia, orgulhosamente chamada de "foco e resultado", a pessoa rígida acaba se fechando no seu próprio mundo de sistemas e fórmulas pessoais. Secretamente, acha que seu jeito de se enxugar no banho, cortar a carne, escrever, dançar, estudar ou trabalhar é o mais eficiente. Essa autoimagem de durão em relação às coisas faz com que o obsessivo tenha um espírito de sacrifício pessoal muito grande, até por isso cobra das pessoas um comportamento exemplar. Isso traz certo peso na sua maneira de encarar o mundo, por isso ele tem grande dificuldade de viver com leveza, alegria e contentamentos banais. A ideia de que deve viver uma vida com significado profundo ou na realização de uma missão de grande importância rouba muito da fluidez cotidiana e de formas de relacionamento que não tenham grande relevância.

Apego

De coisas, pessoas e lembranças ele tem dificuldade de se desapegar. O novo, ainda que desejável, é sempre perturbador, pois confronta a ordem estabelecida. Muitas vezes ele se pega amontoando coisas, incapaz de se desvencilhar de algo por achar que algum dia ainda vai precisar. Surpresas não são com ele.

Em função disso, é incapaz de perdoar ou esquecer uma ofensa. Seu senso de moralidade é muito elevado e acredita que as pessoas deveriam agir de modo exemplar em cada pequeno movimento. Uma ofensa é um ultraje imperdoável mal recebido no passado, que será tirado da gaveta em cada nova ocasião para ser cobrado do outro.

Em alguns casos o desejo de perfeição é tão intenso que a pessoa é tomada de certa apatia e falta de iniciativa, tamanha é sua preocupação em deixar tudo redondo e sem pontas soltas.

Relacionamentos

O obsessivo faz o mesmo com a vida, por isso os relacionamentos pessoais são um desafio quase impossível para ele. Afinal, deixar cada palavra, intenção e emoção sob controle já é torturante, ainda mais quando esse desejo de controle se estende aos outros. Quem está por perto é sempre submetido a inúmeras, variadas e sutis formas de checagem e avaliação de gostos, princípios e comportamento. Seu desejo meticuloso de conhecer cada detalhe de sua vida (e do outro) acaba tornando-o chato na convivência.

O obsessivo faz uma caçada às bruxas em relação a tudo que se oponha ao seu pensamento normativo, mas os alvos preferidos costumam ser tudo aquilo que considera popular ou "fútil". Do seu mundo de superioridade ele olha para as pessoas com certo desdém quando não entram no seu padrão – afinal de contas, ele adora achar que tem uma visão além do alcance.

Secretamente, guarda essa prepotência de quem se leva muito a sério e acaba condenando a todos com muita frequência do alto de seu conservadorismo moralista. Todas as pessoas, ainda que ele não perceba, são rotuladas com algum adjetivo que as torne duvidosas.

Crítico

Além dessa desconfiança, a inveja é seu tormento pessoal, do qual não consegue se ver livre. A crítica "construtiva" – que acredita fazer em relação a tudo – é uma espécie de ataque imaginário contra os outros. O amargor perante a conquista alheia costuma ser a pedra no sapato dele, pois a tendência constante de se comparar com os outros é muito grande.

Valores binários

A noção de erro, acerto, pecado, salvação, bem, mal e todas as categorias polarizadoras costumam ser temas de preocupação obsessiva, pois ele quer corrigir o mal do mundo. Quando conquista algo bom, imediatamente se vê com uma sensação de perigo iminente, como se fossem roubar sua conquista, ou com um sentimento de que não merece tamanha felicidade. Por essa razão, raramente se sente feliz, pois sempre acha que nem tudo está como deveria ser.

Você pode estar se perguntando agora se essa descrição, ainda que não completamente, diz respeito à maneira como leva sua vida. Mesmo que ela não descreva 100% o modo como você toma suas decisões, existem traços obsessivos no seu modo de se relacionar. Talvez perceba dessa maneira o seu desejo de mudar imediatamente, mas isso em si já é próprio do traço obsessivo, que quer ter mais e mais controle sobre cada aspecto.

Nesse momento seria válido relaxar, se soltar, respirar e colocar um pouco de lado sua preocupação, depois retorne e repense o que pode fazer quanto a isso.

CAPÍTULO 28
É possível uma reconquista?

A mentira mais frequente é aquela que se conta para si mesmo; mentir para os outros é relativamente a exceção.

— **Nietzsche**

Se depois de tudo isso você ainda não se conformou definitivamente que tomou um pé na bunda, vou dar algumas dicas que talvez ajudem você a reconquistar o ex de forma honesta e sem joguinhos do mal.

Não tente reconquistar
O primeiro engano é tentar reconquistar o seu ex. O motivo pelo qual é um engano é que o tipo de mentalidade que levou o casal ao término é o que vai ensejar a nova investida. Se não funcionou antes, não vai funcionar agora.

Volte ao seu centro e retome sua identidade
Ficar ao lado de uma pessoa por muito tempo cria uma espécie de despersonalização natural, que se dá quando você molda sua rotina, personalidade e hábitos para entrar em sintonia com o parceiro. Alguns casais pesam nessa metamorfose e se transformam em outras pessoas, o que pode ser um grande problema na hora da reabilitação.

Agora é o momento da reabilitação antes de qualquer manobra de reconquista. Você precisa se desintoxicar do relacionamento.

Busque apoio social
Não tente se levantar sem recorrer aos outros, pois é possível que continue fechada nos mesmos pensamentos enganosos que a fizeram naufragar no relacionamento. Evite conselhos de pessoas pessimistas e mal-amadas.

Saia do papel de namorada
Enquanto você pensar como namorada, não vai conseguir entender o quadro geral. O papel de namorada vai fazer você olhar para tudo sob a perspectiva de uma namorada. Se olhasse como uma amiga, teria uma visão menos confusa e misturada. Se olhasse como mãe, também, como um psicólogo, outra visão ainda, como um mendigo de rua, ainda outra. Pode parecer maluco, mas sair de si mesmo é a melhor maneira de não se enganar.

Não se apresse
Sei que acha que quanto mais o tempo passa, mais chance terá de ver esfriar a intimidade que tanto ligava vocês. Não esqueça que essa intimidade (talvez excessiva) lembra tudo que ele não quer saber de você. O tempo parece estar contra você, mas está a seu favor.

Entenda que acabou
Esse relacionamento acabou e ponto final, conforme-se. Se outro vai surgir, ninguém sabe dizer, e, se acontecer, será algo novo, com novas perspectivas, nova visão e novos hábitos. Percebe que isso é bem difícil de mudar e entender em pouco tempo?

Dê um tempo para a poeira baixar
Vá descobrir novos rumos, experimentar outras coisas e não alimente esperanças afobadas. Deixe a sua energia com você, pois sua fossa pode representar uma energia que está inconscientemente dando ao ex para que ele fique feliz e saltitante. Equalize a situação e mantenha cada um no seu quadrado.

Reflita no que foi disfuncional
Depois de um tempo (mínimo de dois meses), comece a refletir no que foi disfuncional no relacionamento com uma perspectiva mais tranquila e saiba que pode tirar grandes aprendizados sobre seu jeito de ser.

Veja as coisas pela perspectiva do outro
É comum querer justificar nosso fracasso narrando a história do término como se fosse uma sucessão de cegueiras e infantilidades da outra pessoa. Sempre sabemos onde o outro é um problema e raramente nos questionamos onde nós somos um problema para os outros. Então abandone essa sua narrativa heroica, adote por um segundo (se não for um narcisista) a perspectiva do outro e pense se a pedra no sapato não era você.

Não se afunde em culpa
Após a análise, não se afunde num mar de culpa. Afinal, uma relação é sempre feita de duas pessoas. Ambos alimentaram aquilo que não funcionou por imaturidade, cegueira emocional, egoísmo ou medo. A culpa não ajudará você a ser uma pessoa melhor, apenas atrasará o processo.

Não acredite em tudo que foi dito
É muito comum ouvirmos e falarmos bobagens quando um relacionamento termina, como se aquilo fosse a verdade final sobre tudo. O mais provável é que ambos realmente não saibam o motivo. Pode ser simples fuga, medo de intimidade, vaidade pessoal ou outros motivos mais mesquinhos que não conseguimos admitir nem para nós mesmos. O que é dito no final costuma ser uma pista falsa, tanto para quem ouviu como para quem falou.

Deixe as teorias de lado
Mesmo depois de chegar a mil conclusões aparentemente sábias, deixe-as de lado, pois todas as teorias do mundo não funcionam na prática.

É apenas um roteiro norteador, mas, como num mapa, o interessante é descobrir a jornada com olhos atentos e curiosos, sem muitas certezas do que virá.

Lição de casa

1. Faça uma lista de 10 coisas que adora fazer sozinha.

2. Faça uma lista de 15 virtudes.

3. Procure ajuda de amigas.

4. Retome a sensação de que é uma pessoa solteira por uma semana.

5. Faça uma lista de todos os erros que cometeu no relacionamento.

6. Pense em um mau hábito seu e passe uma semana sem praticá-lo.

CAPÍTULO 29

Armadilhas que podem levar ao término do relacionamento amoroso

O inferno são os outros.
— **Frase do personagem Garcin na peça
Entre quatro paredes,** *de Jean-Paul Sartre*

O sofrimento nem sempre é óbvio. Ninguém se isolaria numa ilha de dor se ela parecesse ameaçadora logo de cara. O sofrimento vem embalado num pacote bonito no qual há uma promessa de felicidade.

Pense no emprego dos sonhos. Se de cara ele surgisse como uma sequência interminável de noites maldormidas, pressão por desempenho, estresse crescente e menos momentos com a família ou com quem se ama, as pessoas iriam com mais cautela, menos apego. É na ideia de tentar sustentar uma vida permanentemente agradável e sem rachaduras que mora o perigo. Sem notar, estamos brigando para manter o bem-estar passageiro.

Resolvi listar uma série de situações deliciosas em que juramos de pés juntos que vai tudo bem, mas podem conter a semente de problemas futuros se conduzidas como uma busca inadiável pela felicidade.

Quando se refugiam um no outro

Sabe aquela sensação aconchegante de olhar a pessoa amada como um abrigo pessoal? Nesse momento, cada adjetivo ou conselho lançado desce suavemente e dá confiança. Essa sensação de proteção cresce a tal ponto que as rotinas se fundem e certo constrangimento surge quando o outro quer eventualmente fazer novos planos, conversar com uma pessoa de fora da relação, enfim, sair um pouco dos limites do relacionamento.

Depois de algum tempo, a cerca psicológica pode transformar o aconchego em prisão. Todo ciúme vem disfarçado de cuidados, de declarações e demonstrações de afeto públicas que demarcam uma mensagem: essa pessoa é minha.

É claro que pode vir contentamento ao ver a pessoa brilhar, crescer, avançar e borbulhar na vida, mas em muitos casos só há uma opção: ser feliz do jeito que convém a uma das partes.

Quando estão em sintonia

Ele gostava de rock, mas ao conhecer Fernanda começou a apreciar a batida inteligente da MPB. Com o tempo foram descobrindo coincidências ocultas, como a cidade natal de alguns primos de segundo grau, e logo já tinham afinidades filosóficas pré-socráticas.

O tempo revelou uma sintonia bonita de ver; usavam roupas em tons que se completavam como uma aquarela. Nas tardes de domingo torciam bravamente pelo time favorito dele – que já era também o dela. Não havia problema em usar as mesmas expressões e quase o mesmo sotaque.

Essa sintonia era tão ajustada que se surpreendiam quando um completava o pensamento do outro. Era quase telepático!

O chato era quando o compasso nem sempre sincronizava e ele precisava ficar até mais tarde para terminar a tese de mestrado e ela ficava chateada. Nem sempre suas aspirações políticas batiam, pois ele acreditava piamente numa sociedade mais igualitária, enquanto ela não se importava em se entregar aos prazeres do consumismo.

No supermercado isso ficava evidente, pois ela escolhia os melhores produtos e ele devolvia as coisas à prateleira. O desejo de filhos era velado, ela queria e ele escondia que não queria. Ninguém tocava no assunto.

Afinal, com tantas similaridades, coincidências e predestinações, para que deixar que isso atrapalhasse?

Quando a vontade de ficar junto não passa
– *O que você vai fazer no fim de semana?*
– *Poxa, vou ficar com a minha namorada.*
– *?*

É delicioso ficar com o outro, não é? Muito gostoso e tão magnético que passar o tempo com mais alguém parece perda de tempo ou distração. Se um amigo chia e fala que já não o vê mais pelas redondezas, você diz que está ocupado. Nada disso, está mergulhado em um mar de contemplação. O começo do namoro foi muito atribulado, não é? Por que não aproveitar cada minuto junto? Agora é hora de curtir cada viagem, passeio e cinema em total intimidade, sem intrusos. Família, nem pensar.

No entanto, uma sensação vai cutucando por dentro, aquela roupa macia vai ficando apertada e bate uma saudade de visitar com mais frequência a casa dos pais e bater aquele papo cara a cara com o amigo. Depois de tanto tempo tentando diluir os outros papéis na vida para incorporar o de namorado, já não é tão simples escapar de cobranças sutis como: "Você já não passa mais tanto tempo comigo".

Talvez venha daí a sensação de perda de liberdade que muitos alegam quando se casam. Casado ou namorando, parece-me que o fantasma da fusão pode se instalar sem que se perceba.

Estar com o(a) namorado(a) não deveria ser um estilo de vida ou hobby favorito.

Quando o entendimento parece perfeito
Comunicação quase telepática, basta um olhar e tudo está entendido. Surgem até brincadeirinhas quando amigos estão por perto e diante de um comentário os dois se olham e se entendem, riem e ninguém percebe aquela maldade brejeira das entrelinhas do casal.

Essa paranormalidade toda vai perdendo a graça quando alguém não capta a mensagem direito.

Quando ele diz na parte da manhã que está cansado de tudo e vai para o trabalho, é bem provável que no fim do dia o cenário seja bem problemático. Na aparente capacidade de leitura, mil senões surgem, frutos de inseguranças e variações de humor, e criam ruídos entre a afirmação original e o que se entende ao término do telefone sem fio.

Nossa mente acessa narrativas tão particulares (e perturbadoras) que chegamos a acreditar cegamente que ouvimos a realidade gravada em vídeo. Nem desconfiamos que nossas alucinações criam projeções distorcidas do que ansiamos ou temos encontrar no outro.

Essas conexões aparentemente prodigiosas são a própria linha tênue da comunicação entre adultos e crianças. Um olhar para uma criança é uma ordem, mas será que entre adultos é assim também?

Quando os dois se conhecem por completo

"Conheço cada sigilo dela." Ouvi isso de um rapaz que se orgulhava de já ter arrancado as confissões mais indiscretas da namorada. A lista cheia de orgulho continha de senhas a transas detalhadas com o ex. Ela, do outro lado, se entusiasmava em pedir a ele: "Quero que seja verdadeiro comigo". Nada mais curioso que esse pedido.

O impasse dessa deliciosa dança é quando um dia vai mal ou algo falha na expectativa mútua. O impulso, em geral, é de evocar verdades arqueológicas para ferir sutilmente um ao outro. "Com ele era melhor, não é? Não foi isso que falou aquele dia?".

Nós mal conseguimos ouvir os nossos pensamentos mais terríveis ou assistir a um vídeo nosso cantando num *karaoke*. Mesmo frases honestas e despretensiosas dos outros, como "hoje só quero uma rapidinha" ou "acho você lindo quando conversa com minha avó meio surda" são capazes de nos chocar. Como podemos achar que conhecemos toda a verdade sobre o outro?

Seria libertador se pudéssemos escolher sair de nossas cascas de encenações sociais e viver uma vida pautada pela autenticidade. Mas o que realmente estamos querendo ao arrancar confissões da pessoa amada? O que fazer depois com as revelações?

Quando o sexo é perfeito

Apague a luz ou mantenha-a acesa, não importa, o show vai começar. Sexo gostoso, ardente, tesão e orgasmo garantido. Essa delícia orgástica irresistível pode se transformar, sem que se perceba, na gaiola do prazer que com o tempo exigirá mais habilidade e inovação.

As performances são sempre ajustadas, mas ao mesmo tempo a espontaneidade começa a ficar escassa e criar uma tortura inconfessável. Como recusar um sexo tão bom e ficar apenas de papo furado? O que fazer da próxima vez para continuar atendendo às expectativas?

Pode parecer delicioso, mas eu teria calafrios ao pensar que diante de mim existe uma fogueira que precisa ser alimentada para sempre.

Será que o sexo é bom o suficiente a ponto de abrir espaço para formas mais sutis de interação que incluam até a ausência de sexo? Como criar contextos em que se possa desdobrar o tesão ou outra forma de expressão pessoal para além dos genitais? Que prazer sem gemidos poderia surgir daí?

Quando os planos estão alinhados

Nada mais tranquilizador que saber exatamente o tom das palavras que virão num dia de desconforto profissional. Ele vai sorrir delicadamente e emitir duas ou três frases reconfortantes que de imediato reacenderão as esperanças abaladas. Como é bom saber que o destino está todo traçado sem nenhum terremoto emocional, não é?

Imagine que você acorde e saiba exatamente o que acontecerá nos dias que restam do seu ano. Saberá com quem vai cruzar na esquina da rua em que mora, quando será mandado embora do seu emprego dos sonhos e inclusive quando levará um pé na bunda. Se isso soou minimamente asfixiante para você, imagine uma vida a dois em que cada plano se torne uma coluna de verdades a ser sustentada pela vida, sem nenhum improviso ou surpresa.

Se desde a fase de paquera a certeza de que o outro não sairia do cercadinho era o balizador da relação, uma semente de dúvida pode ter surgido, pois uma nova prova deve ser aplicada cada vez que tudo dá certo.

"Ele nunca deixou dúvida de que gostava de mim!" – ela, satisfeita, se refere ao marido. Poderia inclusive descrever com exatidão cada passo dos dois pelos próximos dez anos. Se quisesse predizer, até poderia adivinhar como ele gaguejaria diante de uma pergunta específica ou quando ficaria relaxado completamente.

Essa previsibilidade carinhosa pode conter um fantasma sem nome, uma paralisação psicológica para que nada quebre expectativas ou crie insatisfações. Nessa hora já não existem mais duas pessoas que se beneficiam, mas apenas esforços conjuntos para reforçar expectativas.

Quando sentem prazer em agradar um ao outro

Ela não suporta a ideia de comer *sashimi*. Mesmo assim, para agradar o "benzuco", faz o sacrifício e come sem fazer cara feia. Ela jamais vai confessar que praticamente se contorce para agradar seu amado e vai declarar: "que delícia!".

Há uma lista interminável de desagrados incorporados a pretexto de arrancar um sorriso do outro. Cada um cede um pouco mais na tentativa de agradar e termina sem saber o que fazer para recompensar tanto sacrifício.

O tempo pode revelar algumas mágoas e renúncias ineficazes, afinal, ele não se mostrou tão grato assim. Logo que pôde, afrouxou a atuação e passou a se comportar como sempre, sem nenhuma consideração por tudo que ela fez ao longo dos anos.

Agradar nem sempre é a fórmula do sucesso. Aliás, pode acontecer o contrário, pois a tentativa de acomodar os desejos em meia dúzia de seguranças pode estrangular a criatividade. Muitas vezes, essa tentativa de satisfazer os desejos superficiais do outro soa como uma forma sutil de exigir reciprocidade.

Estabelece-se um acordo silencioso, uma lei que determina como um pecado sai do personagem de sempre e experimenta a vida de maneiras não pré-combinadas. O casal incapaz de se comportar de maneira natural, seguindo seus próprios crivos e limites, pode desenvolver uma mania de mimar um ao outro de forma doentia. Pobre daquele que se arriscar a sair do cercado de sacrifícios mútuos.

Prevenir o término de um relacionamento, ao contrário do que se pensa, não é uma necessidade dos dias finais, em que a relação já fraqueja de pernas bambas e mostra sinais de falência. É importante lembrar que o rosto endurecido do divórcio já se anuncia nos gestos amáveis e confortavelmente previsíveis dos primeiros dias. O tesão caloroso que motivava as noites tórridas já se mostra como uma batuta invisível na necessidade de aumentar os decibéis dos gemidos para fugir de uma relação fria.

Quando a alegria caminha associada à rigidez, se transforma num inimigo silencioso que dorme no colo do casal afetuoso, ingênuo e cheio de esperança.

Toda vez que o casal se fecha numa forma caricata de relacionamento e se desencontra da dimensão de liberdade, é hora de chacoalhar as seguranças e tomar novos ares.

CAPÍTULO 30
Como terminar com honestidade

> *Não pense que o que diz é empatia. Assim que pensa que o que diz é empatia, estamos distantes do objetivo.*
> *Empatia é onde conectamos nossa atenção, nossa consciência, não o que falamos.*
>
> — **Marshall Rosenberg**

Para quem ainda está no impasse do término, mas já tomou a decisão, precisa comunicar qual será o destino da relação. Mas como fazer isso, considerando o que foi positivo no relacionamento e sem ter que deixar um rastro de mágoas ou dor desnecessária?

Quero compartilhar um pouco o trabalho da técnica da *Comunicação não violenta* (Ágora, 2006), criada pelo psicólogo Marshall Rosenberg, antes de dar uma sugestão prática.

Segundo ele, os quatro componentes da comunicação não violenta são:

1. Observar: de maneira descritiva e não julgadora

Aparentemente, nós nos consideramos ótimos observadores da realidade, mas não percebemos a sutil diferença ao afirmarmos: "fulano é um babaca" e "quando fulano fala alto e usa palavrões, me sinto acuado e com medo".

No primeiro caso, estamos fazendo uma observação carregada de adjetivos que transformam um retrato particular numa história taxativa de como uma pessoa age se detendo nas aparências, sem oferecer empatia.

Além do mais, o autor da frase negligencia sua profunda necessidade e reage ao que sente diante daquela ação despejando sua fúria sobre o outro.

Comentário julgador
Você é generoso.

Comentário descritivo
Quando ajuda sua família financeiramente e dá palavras de carinho para os outros, acho você generoso.

Comentário julgador
Maria é preguiçosa.

Comentário descritivo
Quando Maria chegou tarde ao compromisso que marcou comigo, me senti triste e desrespeitado.

A observação da comunicação não violenta (CNV) procura descrever o fato sem generalizações ou exageros linguísticos, como "sempre", "nunca", "jamais".
Exemplo:
– *Poxa, cara, você nunca vem às minhas festas, hein!*
Pela CNV, seria:
– *Poxa, cara, você só veio duas vezes este ano nas minhas festas. Sinto falta da sua presença!*
É quase uma linguagem textual que coloca a comunicação num nível bem próximo do que aconteceu.

Ao contrário do julgamento, que cria uma reação defensiva e cheia de culpa, a avaliação tem o efeito de aproximar as pessoas porque não tacha alguém com um adjetivo.

Além do mais, evita o discurso carregado de culpa, merecimento ou punição que tanto utilizamos ao avaliar uma pessoa.

2. Sentimento: como nos sentimos em relação ao que estamos observando?

Nosso repertório sentimental é muito escasso – normalmente expressamos sentimentos como "um troço no peito" ou "sinto como se você me odiasse". Nos dois casos não há nenhuma descrição efetiva de sentimento.

No primeiro falamos de uma sensação física inespecífica, e no segundo falamos de um pensamento seguido de um julgamento sobre o outro.

Talvez fosse mais exato falar "me sinto angustiado" ou "me sinto triste quando diz que vai embora de casa".

Além do pouco que conhecemos sobre sentimentos, ainda existe o agravante de considerarmos que são um sinal de fraqueza.

A CNV estimula uma forma de expressão reveladoramente emocional, mesmo que se corra o risco de ser visto como fraco. Dialogar a partir de um sentimento desarma uma contrarreação hostil.

Como rebater alguém que acabou de expressar que se sente triste diante de nossa desonestidade? Poderíamos tentar justificar alguma coisa, mas o sentimento do outro ainda estaria diante de nós.

Exemplo de uma namorada falando com seu parceiro:

– *Ontem você me contou para onde tinha ido com seus amigos e logo depois eles me enviaram um torpedo dizendo que estão com saudade* [fato descritivo]. *Sinto-me muito desestimulada e triste* [sentimento] *a seguir no relacionamento dessa forma, na qual as informações são desencontradas e contraditórias* [sem acusação, só um retrato]. *Portanto, peço que seja mais claro e honesto* [necessidade profunda] *ao falar sobre suas intenções quando sai de casa sem mim* [pedido específico de um comportamento não genérico].

Nossos sentimentos resultam de como escolhemos receber as ações e falas dos outros.

Segundo a CNV, podemos reagir de quatro formas a uma mensagem negativa – a algo como "você é um egoísta", por exemplo:

a) Culpar a nós mesmos
Quando tomamos algo como pessoal e com isso diminuímos o valor do que fizemos com uma aparente autorreflexão, que não vai muito além do martírio.
A reação seria:
Oh, me perdoe, eu deveria ser mais sensível, que estúpido que eu fui.

Aparentemente isso parece sensato, mas o custo dessa postura é a agressividade consigo mesmo, não há o que ser feito após uma condenação dessas – a pessoa usa de linguagem violenta ao se punir. Esse hábito normalmente é estendido para os outros.

b) Culpar os outros
Aqui tentamos reverter a culpa para a outra pessoa.
Você está sendo implacável comigo, tenho me dedicado tanto a esse relacionamento!

Nesse caso, além de não abrirmos espaço para ouvir o que a pessoa diz, ainda estabelecemos barreiras para o diálogo. Ao pedir que o outro me entenda, estou pouco próximo da dor que ele sente ao me chamar de egoísta; reage-se com uma nova postura de quem só pensa em si mesmo.

c) Escutar nossos próprios sentimentos e necessidades
Aqui já criamos uma consciência maior de nossos sentimentos pessoais sobre aquele fato específico.
Quando diz que sou egoísta, fico constrangido, pois sinto necessidade de ser querido e apreciado por você e ouvir isso me faz refletir.

d) Escutar os sentimentos e necessidades dos outros
Aqui viramos o foco para o que a outra pessoa necessita e nos pede (sem saber que pede).

Quando diz que sou egoísta, imagino que queira mais consideração com suas vontades e preferências, é isso?

Nesse caso, poderia parecer um ato de condescendência, mas rotularia o outro como fraco, quando nesse caso estou tentando clarear as expectativas do outro em relação a mim para abrir a conversa sem contra-ataques.

O ponto crucial em lidar com conflitos é assumir 100% de responsabilidade por nossos sentimentos, pois as situações externas e pessoas são apenas gatilhos para reações internas hostis.

Sempre temos plena liberdade para reagir de formas diversas. Afirmar que "bati em você porque me provocou" é uma forma de isenção de responsabilidade.

Seria preciso dizer "bati em você porque cedi à raiva diante do que falou".

3. Necessidades: quais valores e desejos geram nossos sentimentos?

Quando nos comunicamos a partir de nossas necessidades, sentimentos e desejos, temos mais chances de ser atendidos do que quando usamos julgamentos e avaliações.

Se quisermos uma reação compassiva, devemos oferecê-la primeiro.

Julgar é dar um tiro no próprio pé, cria fechamento e reatividade.

Em vez de pensar no que está errado na situação ou na pessoa, podemos pensar sobre quais necessidades queremos ver atendidas. São muitas as necessidades ocultas que carregamos. E as reivindicamos sem notar que o fazemos, mas de uma maneira que não fica claro para quem fala e quem ouve.

Autonomia, lazer, celebração (luto, festa), integridade (honestidade, sinceridade, escolha, autenticidade), comunhão (aceitação, calor humano, compreensão, admiração, empatia, encorajamento), necessidades físicas (sono, fome, frio, movimento físico, toque, espaço, saúde), conexão (mutualidade, consideração, integração, confiança, abrigo), enlevamento (alegria, inspiração, harmonia), pertencimento (inclusão, igualdade, contribuição, aceitação, respeito, compreensão) aprendizagem, paz, diversidade, criatividade, iniciativa, facilidade, comunidade, liberdade, beleza, suporte, presença, cuidado, bem-estar, proteção, clareza, estabilidade, ordem, independência, expressão sexual.

Essa lista de necessidades não é definitiva. Destina-se como um ponto de partida para apoiar quem deseja envolver-se em um processo de aprofundamento da autodescoberta e facilitar uma maior compreensão e conexão entre as pessoas.

A lista seria enorme, mas o importante é você identificar e ter clareza do que precisa para que o outro tenha chance de reforçar e valorizar isso.

4. Pedidos: claros e específicos

Aparentemente conseguimos forçar as pessoas a fazer coisas que sejam de nossa vontade, principalmente quando um pedido oculta uma exigência ameaçadora. Mas isso tem um preço.

Uma exigência implica que a pessoa se submeta ou se rebele e isso afasta os outros de uma conexão genuína. Afinal, se ela recusa a exigência, corre o risco de ser punida.

Quando fazemos pedidos claros e específicos, temos mais chances de ser atendidos. A primeira dica é falar de modo que deixe claro o que você quer e não aquilo que não quer.

"Não quero que grite" é um não pedido. Seria melhor pedir "fale num tom mais baixo".

Em vez de "não quero que me deixe sozinha", seria mais preciso dizer "quando saímos com seus amigos, me sinto mais confortável quando você permanece ao meu lado".

Pedir "justiça" é algo vago e tão extenso quanto "me dê espaço para ser eu mesma".

É fundamental ter clareza do que necessita em vez de esperar que alguém adivinhe seu desejo só por suspirar de um certo modo. Ações objetivas são mais compreensíveis e menos confusas. Caso não fique claro para o outro, cheque com ele se entendeu o pedido ou refaça-o com tranquilidade, de outro modo.

"Quero que me deixe ser quem sou" é inespecífico e abstrato, seria mais preciso e compreensível dizer "gostaria de estudar na faculdade que escolhi, cantar sem ser repreendida, poder escolher e responder pelos meus horários e atitudes".

Tente se comunicar quase visualmente, de modo que qualquer pessoa possa entender.

"Quero conhecer você melhor" é inespecífico, ao passo que "gostaria de sair para almoçar com você e conhecer melhor seus gostos e sonhos" é específico.

Uma sugestão para terminar um relacionamento com compaixão

"Eu queria conversar com você sobre algo importante sobre a minha vida e a nossa.

Nesse tempo que passamos juntos, muitas coisas foram vividas, sinto que crescemos em vários aspectos.

No entanto, tenho me flagrado triste quando penso no rumo de nossa relação e muito desmotivada a continuar como estamos.

As conversas têm sido curtas e superficiais, minha sensação de intimidade diminuiu muito, já não quero compartilhar as coisas com você e tem sido um esforço passar o tempo ao seu lado.

Mesmo sabendo que tem muitas coisas boas como pessoa, minha falta de sintonia com você me fez tomar a decisão de parar por aqui. Quero saber como eu poderia te ajudar a tornar esse momento menos doloroso. Do meu lado posso dizer que preciso de um espaço para me recuperar e com o tempo é provável que nosso contato diminua bastante.

Não me sinto confortável em acusar alguém ou atribuir o término a algum momento específico – foi um conjunto de coisas que somadas me levaram a isso.

Por ora, não consigo ver uma perspectiva futura para nós e agradeço de coração por toda a sua disposição em ficar ao meu lado durante esse tempo.

Desejo de coração que possa em algum momento se reencontrar em outra relação e seguir sua vida em paz."

o caminho de volta

CAPÍTULO 31
Livre-se de tudo

> *Um homem que ousa desperdiçar uma hora do tempo não descobriu o valor da vida.*
>
> — **Charles Darwin para sua irmã Susan**

Pode parecer um raciocínio covarde, mas na hora do desastre eu prefiro sair correndo e salvar minha vida a tentar recolher as minhas memórias queridas. As memórias estarão dentro de mim se eu sobreviver. Quem se importaria em parecer valente quando toda a casa está em ruínas? Só uma pessoa vaidosa ao extremo. Já deixei isso de lado, prefiro ser o covarde que sai vivo.

Numa situação de término eu penso o mesmo, não adianta tentar sair com algum tipo de dignidade ou honra. Se a história acabou, talvez seja menos digno e mais sábio sair com o rabo entre as pernas e deixar tudo de lado.

Eu consigo entender as pessoas que passam anos numa luta judicial ou disputando a guarda dos filhos. No entanto, testemunho com certa frequência pessoas que perderam muito mais do que os bens e deram adeus à paz de espírito.

Essas guerras são variações complexas dos jogos *Amante latino, o Coitadinho, o Salvador* e *Cão raivoso* e envolvem muitas pessoas inocentes e sem necessidade.

Sua vida pessoal ficará gravemente comprometida por conta de uma vingança sem fim.

Imagine uma pessoa que passa anos ignorando a dor do luto de um familiar querido só para disputar a herança com os outros herdeiros. O limite entre o que é justo e o que é tiroteio sem sentido é pequeno e podemos cair do outro lado do abismo na tentativa de "reaver nossos direitos".

Os términos sem fim são desse tipo.

A pergunta essencial que você precisa fazer é: "Qual o rumo que darei à minha vida daqui para a frente e quais boas lembranças quero levar da minha vida?".

Quando colocamos a perspectiva da morte diante de nós, a mente é colocada em xeque. Diante do fim queremos nos lembrar dos últimos anos como uma sequência de idas, vindas e brigas simplesmente por causa de um suposto amor?

O amor que termina em guerra provavelmente guarda mais disputas de ego do que uma busca genuína por entendimento e superação.

Sugestão: imagine que está de frente para um horizonte lindo e tente pensar nas imagens e pessoas que estarão ali. Se pudesse transformar valores humanos como felicidade, alegria, esperança, amor e plenitude em imagens, quais deles estariam diante de você? Qual o medo diante dessas boas possibilidades? O que faz seus olhos brilharem?

Agora, baseada nessas imagens e sensações, responda para si mesma se realmente faz sentido sustentar alguma honra ou se chegou a hora de colocar um ponto final na história, com ou sem dividendos.

CAPÍTULO 32
Siga o seu caminho e construa uma vida feliz

Para além das ideias de certo e errado, existe um campo. Eu me encontrarei com você lá.

— Rumi, poeta árabe

Eu tenho usado muito o termo "desintoxicação amorosa" quando falo em término de relacionamento. É meio pesada a comparação, já que está associada ao uso de drogas.

Mas o término de um relacionamento conturbado é como se fosse uma fase de expurgar aspectos psicológicos de modo a propiciar uma metamorfose saudável, chacoalhar a poeira do relacionamento e ver o que serviu ou não daquela história.

Muitos casais anulam as individualidades e perdem o eixo do que eram. Em alguns casos se tornam pessoas melhores e ganham bons hábitos, se refinam social e emocionalmente. Em outros casos deformam a si mesmos para manter um relacionamento cheio de cobrança, brigas e possessividade.

No final, a pessoa se vê completamente desfigurada e irreconhecível para si mesma, pois ativou aspectos obscuros no contato com o ex que despertaram o seu pior lado.

O susto é grande quando percebem que fizeram coisas vergonhosas para manter uma relação a qualquer custo. Alguns brigaram com amigos valiosos, romperam com familiares ou com o trabalho só para se submeter à vontade do outro.

A sequela da catástrofe é grande e a perda é considerável, por isso a necessidade da desintoxicação. É quase uma reprogramação para que a memória deixe de ficar tão perturbada o tempo todo.

Acho fundamental fazer algumas coisas que facilitem essa desconexão com alguém que deixou marcas pesadas em nossos corações.

- Reveja seu quarda-roupa – muitas coisas que você comprou ou ganhou têm ligação com o ex.
- Dê uma "arejada" nos amigos, principalmente os que têm em comum, afinal de contas o leva e traz de informação pode ser péssimo.
- Evite as redes sociais, como Facebook, Twitter e Instagram. Algumas pessoas ficam obcecadas e checam cada frase ou imagem postada, na tentativa de rastrear alguma pista ou indicativo sobre a vida pessoal e amorosa do ex.
- Procure novos locais para frequentar por um tempo para descondicionar suas memórias. É muito difícil tentar diminuir as lembranças se você ficar o tempo todo voltando aos lugares preferidos do casal.
- Mude a rádio ou as músicas – elas dificultam tudo e induzem a lembranças emocionais complicadas.
- Vá atrás de outros passatempos ou programas de TV, dê um tempo no seriado favorito que via com ele. Refresque sua vida cultural agora para receber um fôlego emocional.
- Evite conversar com sua família sobre os motivos do término.
- Tente não ficar revirando as catacumbas para encontrar possíveis motivos do término da relação. É como uma loteria: quase impossível encontrar a combinação exata que fez ganhar o prêmio. Não se desgaste nessa busca cega para encontrar culpados.
- Procure não alimentar mágoas sem fim, lembre que o ressentimento é uma forma de reforçar tudo que foi ruim e alimentar algum tipo de relação, ainda que imaginária. A desintoxicação não é só da vida prática, mas da emocional.

- Dê uma arejada em sua vida. Aproveite a oportunidade para rever conceitos, valores e comportamentos e analise se sua vida realmente está seguindo na direção que quer ou se já não sabe por qual caminho seguir.

Agora é hora de descobertas e renovações pessoais. Aproveite.

Lição de casa

1. Ao rever seu guarda-roupa, tire as roupas que estão intimamente associadas ao ex.

2. Deixe de cultivar presentes e mimos que recebeu.

3. Faça novas amizades.

4. Passe uma semana sem redes sociais na internet. Se possível, bloqueie seu ex. Dê uma trégua para sua memória.

5. Procure novos locais para frequentar por uma semana.

6. Descubra novos passatempos ou programas de TV.

7. Deixe de lado teorias sobre o motivo do término.

8. Faça uma lista de 5 coisas que são fundamentais na vida de uma pessoa e de 5 princípios pessoais/morais que acredita serem importantes.

Além disso, pense sobre o caminho que quer dar para a sua vida.

CONCLUSÃO

Se você seguiu essa jornada com coragem, persistência e mente aberta, provavelmente já deve ter sentido os efeitos da libertação.

O peito está menos pesado, a esperança voltou e novos horizontes se abriram aos seus olhos. Aquele ressentimento se diluiu e as reclamações contínuas sobre pessoas malvadas acabaram, parece até que outras possibilidades interessantes surgiram no meio do caminho.

O feitiço terminou e você percebeu que na realidade nada daquilo que esperava no início aconteceu.

Você ainda se lembra dele, mas com serenidade.

Ainda sente saudade, mas não da pessoa, e sim do sentimento de confiança.

Ainda nutre carinho, mesmo que não queira voltar.

Um ex-relacionamento é sempre um relacionamento presente que carrega com você, mas de um jeito renovado, ressignificado e com nova embalagem. Ele se torna uma bagagem, uma experiência para lembrar com cautela e um lembrete dos enganos a evitar.

O amor que estava trancafiado está novamente disponível para que se dedique a uma nova história sem arrastar correntes, pendências e confusão para relações futuras.

Em essência, para se libertar do ex você se encontrou com você e esse foi o presente mais encantador que ganhou dessa jornada em busca de lucidez, abertura de espírito e maturidade.

Isso é mérito seu. Agora desfrute de cada oportunidade que surgir diante de você e seja feliz!

A melhor maneira de se libertar do ex é conquistar a si mesma.

APÊNDICE 1
Exercício de visualização

Procure um lugar tranquilo e de preferência isolado de outras pessoas e interferências.

Imagine um lugar em que se sinta confortável e segura, pode ser real ou imaginário.

Agora crie uma imagem mental do seu ex na sua frente.

Olhe com serenidade e sem se deixar envolver pelos sentimentos que vêm à tona. Respire fundo e aprenda a conviver com a perturbação criada por essa imagem.

Continue olhando, sem embarcar em histórias, lembranças específicas ou sentimentos perturbadores.

Quando estiver suficientemente segura do processo, sinta que está amparada emocionalmente pelos seus pais. Ainda que tenha relações conflitivas com eles, busque neles uma sensação de força e acolhimento e sinta que colocam as mãos nos seus ombros transmitindo paz.

Quando estiver estabilizada de novo, imagine o que sente que deve para seu ex e crie imagens diante de você. Agora devolva a ele como se entregasse bagagens emocionais pesadas exatamente porque não são suas.

Agora retome o que lhe pertence e que imagina que ficou com ele. Qualquer virtude, emoção ou pensamento que ficou aprisionado. Coloque essas imagens no seu corpo, toque-o para deixar marcas concretas.

Agora imagine uma cápsula que a proteja e a isole das sensações que chegam até você; se quiser, crie algum tipo de luz que ajude a isolar o seu campo de força pessoal do dele.

Talvez sinta como se um elo se rompesse. Mas não se aflija, vocês trocaram muitas experiências e isso cria laços muitas vezes difíceis de serem superados.

Agora despeça-se com uma leve reverência em forma de gratidão por tudo que tiraram de positivo dessa história, independentemente do contexto. Vá se afastando e lentamente deixe que a imagem dele se desfaça diante dos seus olhos.

Depois vire-se na direção oposta, olhe para o horizonte e deixe que imagens criativas surjam compondo o seu futuro.

Coloque ali todas as suas forças e melhores intenções e tente colocar as mãos em alguma parte do seu corpo como ponto de fixação da nova imagem. Daqui em diante, toda vez que perceber que está se desequilibrando, recorra a ela apertando-a levemente.

APÊNDICE 2

Carta aberta para quem está em dúvida se deve ou não se separar

Você deve estar com aquele frio na espinha e com a sensação de que sua vida está se despedaçando. Pior, deve estar sofrendo solitariamente e se sentindo com medo, envergonhada e fracassada.

Imagino ainda que deve estar emocionalmente exausta e com a sensação de que não dá mais. Não sei se o relacionamento é curto ou longo, se é casada ou não, se há filhos implicados na história. De qualquer forma, o que falarei serve em qualquer ocasião por um motivo simples: enquanto você não tiver coragem de terminar, qualquer coisa será uma justificativa.

Você pode dizer "meu relacionamento é recente, será que eu não devo tentar mais?" ou "meu relacionamento é longo, será que eu realmente tentei tudo?".

Se for casada, vai dizer: "Poxa, depois de tantos sacrifícios eu vou pular fora assim?", ou, se forem namorados: "Eu queria casar, será que ele ainda pode mudar?".

Se tiver um filho recém-nascido, vai dizer: "Acabou de nascer e eu vou desistir agora?"; se tem 2 anos: "Ele já é capaz de sentir o impacto da separação, não será terrível?"; se tiver 5: "Ele já pode entender essas coisas, vai ficar muito triste com a separação"; se tiver 10: "Nossa, está para entrar numa fase delicada, uma separação seria um desastre"; com 15: "Na adolescência é bem complicado, ele está terrível, não vou conseguir sozinha"; com 25 anos: "Sei que muitos dos problemas dele têm ligação com meu casamento desastroso, se me separar agora ele desencaminha de vez"; com 40 anos: "blá, blá, blá".

Se o problema for financeiro, vai dizer: "É impossível separar agora que estamos tão ruins de grana"; se tiverem bastante dinheiro, dirá: "Com tantos bens, será uma guerra essa história, não sei se estou preparada".

Se é muito boazinha: "Ele vai sofrer"; se for mais egoísta: "Não vou suportar".

Note que você tentou sair por todos os lados, mas não admitiu duas coisas simples: você não está feliz e responsabilizou circunstâncias externas para não se separar.

No quesito responsabilidade, sinto dizer, nenhum cenário é ideal para se separar. Portanto, não espere o dia florido, a compreensão de familiares e filhos, a melhora financeira ou a passagem do cometa Halley.

Os filhos muito pequenos não têm memória desse tipo de situação e o nível de adaptabilidade é maior. Os filhos entre 5 e 10 anos irão resmungar como resmungam com qualquer mudança. Os adolescentes irão responsabilizar a separação pela desgraça deles, mas fariam isso se você tivesse ganhado na loteria. O que quero evidenciar é que se alguém quiser culpar você, irá aproveitar o fato de que já está culpada.

A separação em si não é o grande problema, mas como você irá fazer essa transição. Se você é imatura, provavelmente sua separação será tão escandalosa e problemática quanto foi seu relacionamento. Se o ex for imaturo, dependerá de sua maturidade driblar os mimos dele.

As pessoas que já vi se separarem com tranquilidade foram aquelas que abriram mão de sair por cima da situação. No meio da guerra, o que importa quem vai ficar com o capacete ou com a medalha de honra? Diante da dor você pode se apegar à raiva para proteger a sua tristeza e ficar acusando a outra pessoa por todas as desgraças da sua vida, mas isso não muda absolutamente nada. Só será uma separação doentia em que alguém, se não ambos, quer ficar com a razão.

Ele traiu você? Pense com calma, isso já foi doloroso demais quando você descobriu – o que importa é saber se ele se arrependeu ou se retratou? Isso muda alguma coisa? É por isso que quer ficar nessa barca furada? Para provar que está certa?

Há um mundo à sua espera e a única coisa capaz de fazer é atirar pedras no passado?

Isso é meio deprimente, você não acha?

Não acuse; enfie o rabo entre as pernas (mesmo se a culpa não for sua) e saia. A única coisa que importa é você sair. Se ele se acha o campeão ou não, pouco importa, não precisa rastejar mais ainda.

Quanto à infelicidade que sente, isso pode ter duas hipóteses: o convívio com essa pessoa evidenciou (com sua colaboração) o seu pior lado ou você já era uma infeliz crônica que arranjou um coautor para responsabilizar por autoria completa e seguir na sua estrada infeliz.

Se o relacionamento evidenciou sua pior fraqueza, você foi conivente e daqui para a frente é o momento de recolher os caquinhos do chão e reavaliar sua vida. Sua tendência natural será se agarrar a outro relacionamento achando que um amor se cura com outro. Posso garantir que isso é furado. Se o demônio é seu, qualquer novo relacionamento evocará o mal-estar, mesmo quando a nova pessoa tem atributos distintos.

Agora o problema mais sério é se você for uma pessoa incapaz de sentir o livre fluxo de abertura e vida que chamamos de felicidade. Provavelmente já deve ter entrado no relacionamento esperando que ele fizesse seus dias melhores e sua vida mais cheia de brilho. Ele não pode fazer isso por você, tampouco o dinheiro, a beleza, o sucesso, a fama ou a religião. Se você não tem coragem de ser feliz, ninguém poderá ajudá-la. A felicidade e a ousadia que a vida exige como pré--requisitos são de sua responsabilidade, só sua, ninguém pode sentir satisfação por respirar no seu lugar.

Talvez seu relacionamento tenha naufragado porque você esperou dele o que era sua parte. Esperou amor quando o movimento era seu de oferecer desprendidamente. Amar esperando o troco é fácil e prato cheio para mágoas e cobranças. O infeliz dá com a expectativa secreta de ter retribuição garantida.

Aposto que você deve ter tentado muita coisa até agora, só não tentou ser feliz de verdade.

Portanto, antes de tomar essa decisão, eu recomendo 30 dias de trégua. Seja feliz por 30 dias, sem avisar ninguém nem esperar recompensas, busque com ou sem ele estar bem, mesmo que tudo esteja desmoronando. Dê uma de louca, mude a música de fundo, deixe a marcha fúnebre para daqui a um mês.

Antes de tentar ser feliz, qualquer coisa que tenha feito até agora pode ter sido resultado de mais um surto de "a culpa é toda sua por me fazer infeliz".

Se sair da relação, que pelo menos saia feliz.

P.S.: Se os sintomas persistirem, procure ajuda profissional!
Boa sorte na nova jornada.

APÊNDICE 3
Carta aberta aos recém-separados

Segundo algumas pesquisas, a experiência da separação é emocionalmente mais dolorosa que a morte de um ente querido. Isso explica a sensação parecida com um pós-velório, em que você sai completamente desnorteado e exausto de tanto chorar.

O divórcio/separação/distanciamento amoroso é uma vivência única na vida de uma pessoa. É uma quebra de expectativas que coloca em xeque inclusive a nossa capacidade de viver. Sentimos que estamos existencialmente estragados e sem jeito. O fracasso de múltiplas tentativas de reerguer um gigante falido exaure nossas forças físicas, psicológicas e financeiras e já não conseguimos caminhar adequadamente. Estamos cambaleantes na vida e extremamente carentes de apoio, acolhimento e proteção.

A sensação de deixar a casa física que por tantos anos chamou de sua tem uma correlação psicológica semelhante, perdemos o rumo de casa, tudo é inóspito, árido e sem cor.

A pessoa recém-separada é como um mendigo com chapéu na mão: necessitada de qualquer esmola, e nesse momento a única coisa bem-vinda são pessoas e situações que tenham uma intenção positiva. Qualquer sobre-esforço é agressivo e desnecessário. É como um doente combalido que precisa de um tempo até reerguer todas as forças, pois ainda precisa de cuidados.

Aquela sensação de organização mental dá lugar a um caos sem fim, como se uma música muito alta estourasse nossos tímpanos. A única coisa que queremos é que o som abaixe para podermos retomar a sanidade. Infelizmente muitas pessoas acham que precisam de alguém para abaixar o som. A carência faz com que a pessoa recém-separada se torne frágil e vulnerável. Como ela estava enfurnada num relacionamento, provavelmente não tem uma rede sólida de apoio que não a família. A família costuma ficar alimentando reações que aumentam a aflição – como uma pessoa que saiu do velório e alguém diz: "Eu sei como você está se sentindo e vai ficar tudo bem". O sujeito ouve desconcertado aquele comentário desnecessário e não responde por falta de forças, pois a vontade seria dar um soco na cara do "consolador". Luto é luto.

A separação é desse tipo de luto, que dói a ponto de um cafuné ser interpretado da maneira mais poderosamente revigorante. O carinho de um amigo soa como um afago diferenciado que pode ser interpretado como algo sentimental.

A probabilidade de a pessoa recém-separada se apaixonar pelo padeiro é alta. Até o pão de cada dia soa interessante num clima emocional de tempo fechado.

Isso quer dizer que a chance de um relacionamento que começa imediatamente depois ou concomitante a uma separação tem grandes chances de ser fruto de desespero e não amor real.

Alguns vão rebater esses argumentos dizendo que a história deles foi diferente e blá, blá, blá. O fato é que alguém que acabou de sair de um velório simbólico não está com plenas capacidades mentais de amar o próximo.

Os impulsos de generosidade da libido, que são tão importantes para sustentar a qualidade de uma relação, estão enfraquecidos. E quando eles surgem é muito mais um surto de resquícios de hábito do que genuínos.

O ponto é que somos bem teimosos e na maioria das vezes não respeitamos os sinais óbvios dessa fase difícil, por isso logo nos atiramos em histórias que parecem ser a resposta para nossa aflição. Na maior parte das vezes não é.

A pessoa que se presta a se relacionar com alguém que está recém-separado corre um risco altíssimo de ser confundida com uma miragem do passado. Ela se vale de uma vulnerabilidade de momento e se coloca como enfermeira emocional do enlutado, sem perceber que entra num jogo vencido. Do outro lado, a pessoa fragilizada aceita qualquer ajuda e expressão de amor e cede imaginando que aquilo vá tornar os dias menos amargos. Mas no fundo sabe que tem muito pouco a oferecer, pois ainda está digerindo uma série de mágoas, decepções e sentimentos de impotência. Ainda não conseguiu fazer uma reavaliação da própria vida com imparcialidade e já tenta sair de uma ressaca enchendo a cara de novo com o amor fresquinho de alguém.

Não é justo com ninguém, pois a pessoa nova que chega vai ter que engolir comparações desnecessárias e lidar com sequelas sem sentido. Do lado de fora veremos o sorriso complacente e generoso da pessoa esperançosa aguardando que os piores momentos passem. Começa a entrar em histórias que não pertencem a ela, na tentativa de ajudar na cura emocional do outro, mas tudo em vão. É tempo de saudade e solidão.

A solidão pós-separação é um ritual muito pouco respeitado, em especial pelos homens, que têm dificuldade em lidar com o buraco e o fracasso de sua validação masculina. Imediatamente após (ou até antes) o divórcio já costumam colocar uma nova dama em sua cama para apaziguar uma dor silenciosa que corrói seus dias ruins. As mulheres, educadas a experimentar a sua dor com honestidade, costumam respeitar mais o seu tempo de recuperação (nem todas). De modo geral, é possível reconhecer a pessoa recém-separada pelo olhar aparentemente vivo e elétrico, mas, no fundo, vazio e prestes a explodir em raiva e choro.

Não sou um idealista que acredita que todas as relações deveriam iniciar da maneira mais perfeita do mundo e com todas as pendências plenamente bem resolvidas. O que estou reforçando é que engatar um relacionamento no outro interminavelmente costuma ser uma estratégia de pessoas desesperadas. Alguns conseguem um tempo de cicatrização mais rápida, mas a maioria apenas transfere o saldo devedor de uma conta para outra.

As dinâmicas patológicas não foram evidenciadas, a possibilidade da pessoa simplesmente culpar o ex é alta e o conflito, que deveria ser olhado de perto, se perde no meio de declarações precipitadas de amor. O problema real continua ali, aguardando a ressurreição, e em momento propício vem à tona em forma de um novo ciclo de dor. A pessoa que aguardou pacientemente o outro se recuperar do luto começa a reivindicar seu trono e aí a coisa vai complicando a tal ponto que o inferno volta a se instaurar.

Eu, que já experimentei muito dessas tentativas desastrosas para me reerguer mesmo sem nenhuma condição para isso, não posso oferecer uma fórmula. Seria muita pretensão, afinal, aos trancos e barrancos vamos florescendo de novo.

Mas, se eu pudesse dizer alguma coisa para alguém que está recém-separado, seria: siga em frente, mas respeite suas pernas cansadas e seu coração exausto.

APÊNDICE 4

Amores platônicos: como eliminá-los de sua vida

Aposto que você nunca se apaixonou platonicamente pelo mendigo maluco do seu bairro. Os amores platônicos têm sempre um alvo predileto: a pessoa poderosa com a qual você cruzou algumas vezes na vida e ficou babando feito fã do Luan Santana.

Conheço muita gente que vive se lamentando sobre não conseguir fazer a outra pessoa se apaixonar por ela. Ficam alimentando um amor platônico por muito tempo e se relacionando com uma pessoa fantasma em sua imaginação. Normalmente elas miram aquela pessoa extremamente desejada por todos e que parece a mais bonita, interessante, inteligente, estável financeiramente e bem articulada no jeito de agir com os outros. Depois ficam dias, semanas e meses numa masturbação emocional sem fim, vasculhando o Facebook, procurando o nome no Google, perguntando dele para qualquer contato direto ou indireto que o conheça. Pior ainda: tem gente louca que gosta de sentir isso preferencialmente por pessoas comprometidas ou artistas inacessíveis, como Cauã Reymond, por exemplo. Daquele tipo que fica se imaginando no lugar da namorada ou simplesmente a odiando. Alimentar esperanças com alguém que não está na sua é pedir para sofrer. Prato cheio para quem tem receio de encarar um relacionamento de verdade, olho no olho.

Agora pense com calma. Repare que não pensou no mendigo amigo e sim no cara poderoso, por pura vaidade e desejo de ser lançada ao patamar dele. Esse é o começo mais perigoso para uma relação – você espera demais e oferece de menos. Até se um milagre acontecesse você não iria segurar as pontas, pois sua base é frágil e a decepção seria certa para os dois lados. Então, se você quer sair dessa armadilha emocional, tem duas alternativas.

Primeira, abaixe a bola e seja sensata. Quando nos apaixonamos por alguém, sempre é por aquilo que ela acrescenta em nossa vida e os sonhos que ela pode realizar. Isso é tipicamente egocêntrico, portanto seria mais generoso você se perguntar: "O que eu tenho a oferecer para essa pessoa que eu acho tão maravilhosa?".

Se o poderoso X desse bola para você, qual o impacto que teria no mundo dele?

Você seguraria a barra ou iria infernizar a vida do cara por se sentir inferior na relação?

Você tem elementos pessoais que seriam confortavelmente compatíveis com as expectativas altas que vê nele?

Qual experiência de vida tem a compartilhar que seja realmente interessante dentro do mundo dele?

Se você não sabe responder com convicção a nenhuma dessas perguntas, é um mau sinal. Sua vida precisa de cuidados. Talvez seja interessante olhar para o lado e ver aquele cara que está mais condizente com seu mundo e com quem realmente possa se relacionar em pé de igualdade, já que você descobriu que não é nenhuma perfeição.

Mas se isso parece pouco para você, resta a segunda alternativa. Tenha uma vida significativa a tal ponto que o surgimento de um amor ao seu lado seja consequência natural de estar se movimentando pelo mundo. Se quiser viver uma experiência espetacular, não adianta esperar sentada em frente ao computador lambendo a foto do perfil do Facebook dele.

O que faz uma pessoa se apaixonar por você é mais simples do que imagina. O amor começa e é realimentado na admiração. O que você faz de admirável aos seus olhos e que causa bem-estar à sua volta? Se nem você gosta de olhar para sua vida e seu cotidiano, por que acha que outra pessoa seria obrigada a gostar? O fato de você se apaixonar por alguém é o único motivo pelo qual essa pessoa deveria retribuir o seu sentimento?

É preciso parar um pouco de olhar para fora e voltar seu olhar para dentro. Invista em você, amplie seus horizontes. Isso vai levar algum tempo, esforço, dedicação, dinheiro, mas o resultado final será uma pessoa mais realizada. A melhor maneira de despertar o amor de alguém por você é se tornar uma pessoa realmente inspiradora – só assim poderá viver o prazer de um amor real em vez de um de faz de conta. Afinal, Cartola mesmo já dizia: "Olhar, gostar, só de longe, não faz ninguém chegar perto".

APÊNDICE 5

21 sinais de que você está deixando de ser quem é pelo outro

Nascemos, vivemos e morremos sozinhos – ainda que acompanhados, com apoio e presença de pessoas queridas. Constantemente tomamos decisões que gostaríamos que os outros tomassem em nosso lugar, no entanto, estamos sendo chamados a cada minuto a seguir por uma ou outra direção.

Muitas pessoas têm verdadeiro pânico de ter consciência dessa solidão fundamental da existência humana, e, para fugir da angústia decorrente desse cenário, recorrem ao relacionamento amoroso. O parceiro se torna, então, uma ferramenta (ainda que inconscientemente) de distanciamento dessa sensação de individualidade. Com o tempo de relacionamento, o casal passa a formar uma mistura sem fim e ocorre uma perda gradual da sensação do eu e do outro. Esses são os casais grudes.

Ouvi uma mulher falar sobre seu marido: "Quando ele não me olha ou não me elogia, eu sinto que não existo, definitivamente não consigo viver só". Parece exagero, mas muita gente vive esse problema em diferentes níveis. Para saber se você é uma dessas pessoas, veja a seguir uma lista de sintomas que mostram se você anda abrindo mão da sua individualidade para viver uma realidade em casal.

1. Você necessita saber passo a passo onde o outro está.

2. Você morre de aflição a cada torpedo, e-mail ou mensagem no Facebook, Twitter ou WhatsApp não respondido.

3. Para você, compartilhar senha de e-mail e Facebook é algo totalmente normal.

4. Sempre que estão distantes, você se sente sem um pedaço.

5. Se o outro não está 100% do tempo ao seu lado, você usa de chantagem emocional para trazê-lo para perto.

6. Você morre de ciúme dos(as) amigos(as) dela(e).

7. Vocês acham lindo dividir tudo.

8. Vocês usam a mesma conta bancária para aproveitar e dar uma controlada nos passos um do outro.

9. Sempre que possível, você puxa um assunto com amigos/familiares para dar uma pesquisada em possíveis detalhes omitidos por ele(a).

10. Você faz de tudo para manter a sua vida "preservada" dos outros.

11. Qualquer sensação ou pessoa que ameace ou tenha chance de se "intrometer" entre os dois é combatida a todo custo.

12. Com o tempo parece que vocês gostam ainda mais das mesmas músicas, roupas e atividades.

13. Vocês evitam a todo custo discordar, não conseguem se comunicar quando isso acontece, camuflam o desconforto com brincadeirinhas e jogam o assunto para debaixo do tapete.

14. Com o tempo um de vocês (ou os dois) se percebe irreconhecível, até fora do peso, descuidado, nutrindo a crença de amor incondicional do outro.

15. Qualquer perspectiva de não ter o outro no futuro cria uma angústia sem fim regada por choros e crises.

16. Vocês têm uma sensação de sintonia tão grande, quase telepática, que quase não se questionam sobre o que o outro realmente pensa ou sente.

17. Sempre que podem, vocês tentam repetir rotinas de dias bons para que nada os surpreenda.

18. Vocês evitam qualquer tipo de opinião externa de amigos, conselheiros, líderes religiosos, psicólogos ou médicos.

19. Se o relacionamento chega ao fim, o tempo de recuperação pós-término é muito demorado. Vocês se veem isolados do mundo e com extrema dificuldade de recomeçar. Alguns até se comprometem financeira ou profissionalmente por terem ficado afastados do mercado.

20. Se terminam o relacionamento, mesmo sabendo que os dois se retaliavam, ainda assim ficam na dúvida se foi realmente a melhor decisão.

21. Vocês têm certeza de que, se o relacionamento acabar, não vão encontrar outra pessoa no mesmo nível.

É claro que apresentar um ou outro sintoma não quer dizer que há um problema entre vocês, mas se você se reconheceu em vários itens o sinal de atenção deve ser ligado. O fato é que pode parecer lindo e gostoso no começo, mas no meio se torna silenciosamente perturbador, e no fim (se há um fim), desastroso para ambos, que, ao serem separados, percebem que aquela fusão doentia escondia um medo de encarar o pior de vocês mesmos. Infelizmente muitas pessoas saem de um relacionamento assim para cometer os mesmos enganos com outra pessoa. Há pessoas que são viciadas em relacionamentos doentios e somente elas podem sair desse ciclo.

Visite nosso site e conheça estes e outros lançamentos

www.matrixeditora.com.br

ELE TE TRAIU? PROBLEMA DELE!
Autora: Vanessa de Oliveira
Só mesmo a experiência de Vanessa de Oliveira poderia produzir um livro como esse. Primeiro, porque ela mesma já foi traída. Segundo porque, como ex-garota de programa, ela conviveu com homens que a procuravam para trair suas mulheres, namoradas, noivas ou companheiras. Com toda essa bagagem, a autora fala com autoridade sobre o assunto, revelando o pensamento e o comportamento masculinos e mostrando o que a mulher tem que fazer para superar o problema.

COACHING DO AMOR
Autora: Flávia Lippi
Receba o amor que você quer receber e seja o mais amoroso que você pode ser. Neste livro em forma de caixa estão 100 questões que levarão você a transcender o pensamento sobre o que significa amar. É um convite a refletir e a desenvolver seu EU AMOROSO diante das forças do universo e atingir o seu máximo potencial como ser humano integral amando e sendo amado.

DIETA COM WHEY PROTEIN
Autora: Geórgia Bachi
O Whey Protein – proteína do soro do leite – é hoje, provavelmente, o suplemento mais conhecido no mundo. Nesse livro você vai ver de maneira clara e concisa os seus benefícios, além de aprender receitas fáceis de serem usadas no seu dia a dia. Se você acha que o Whey Protein é destinado exclusivamente a atletas, vai se surpreender: agora você vai entender por que sua utilização deve ser feita por todos que buscam qualidade de vida, até mesmo crianças, gestantes e idosos.

LÍDER DE SI MESMO
Autor: Roberto Re
O mundo está mudando cada vez mais rápido e nos pedindo cada vez mais. Isso torna certas tarefas difíceis de realizar, porque nosso pensamento se torna limitado e não percebemos a nossa incapacidade de gerir as emoções. Nós temos todas as possibilidades de obter grandes resultados, mas não sabemos como usar melhor o nosso incrível potencial. Esse livro nos ensina como fazê-lo. Com os seus cursos de formação, Roberto Re conquistou o respeito de milhares de pessoas, treinou gerentes de importantes empresas da Itália e melhorou o desempenho de atletas e de equipes esportivas.

facebook.com/MatrixEditora